2019年度贵州财经大学引进人才科研启动项目（项目编号：2019YJ066）

王瑞祥 著

地方财政投资支出对房地产的影响研究

Study on the Influence of Local Fiscal Investment Expenditure on Real Estate

中国社会科学出版社

图书在版编目（CIP）数据

地方财政投资支出对房地产的影响研究／王瑞祥著． -- 北京：中国社会科学出版社，2024.9． -- ISBN 978-7-5227-4155-0

Ⅰ．F299.23

中国国家版本馆 CIP 数据核字第 2024F80F14 号

出 版 人	赵剑英
责任编辑	刘晓红
责任校对	周晓东
责任印制	戴　宽
出　　版	中国社会科学出版社
社　　址	北京鼓楼西大街甲 158 号
邮　　编	100720
网　　址	http://www.csspw.cn
发 行 部	010-84083685
门 市 部	010-84029450
经　　销	新华书店及其他书店
印　　刷	北京君升印刷有限公司
装　　订	廊坊市广阳区广增装订厂
版　　次	2024 年 9 月第 1 版
印　　次	2024 年 9 月第 1 次印刷
开　　本	710×1000　1/16
印　　张	13
字　　数	200 千字
定　　价	76.00 元

凡购买中国社会科学出版社图书，如有质量问题请与本社营销中心联系调换
电话：010-84083683
版权所有　侵权必究

中文摘要

党的二十大报告明确指出："坚持房子是用来住的、不是用来炒的定位。"1998年至今，房地产价格上涨幅度十分明显，房地产业已经成为地方政府的支柱产业。过热的房地产投资导致一些房地产企业资不抵债，一些地级市的楼盘建设一半就因为资金问题被搁置，虽然房地产的投机需求有所收敛，但是购房的刚性需求难以抑制。由于房地产作为当代宏观经济发展主要推动力量地位的削弱，房地产价格高企、楼盘空置、居民购置房地产受限，这些不合理的经济现象引发了社会和学术界的高度关注。研究地方财政投资支出对房地产的影响，不仅具有理论价值，也具有现实意义。

基于此，本书对地方财政投资支出对房地产的影响进行了系统的研究，各章节之间具有严密的内在逻辑关系。第一章是导论。首先，探讨本书的研究背景与选题意义。其次，分析本书的研究方法、技术路线与结构安排。最后，阐述本书的创新与不足。第二章是文献综述。对地方财政投资支出对房地产价格、房地产投资影响以及财政投资支出和房地产周期三方面分别进行论述。第三章是理论基础。首先，对凯恩斯政府干预理论、公共产品供给理论、财政支出增长趋势理论和财政支出非对称理论进行回顾。其次，分析我国地方财政支出的根源、类型及社会影响，界定地方财政投资支出概念，同时基于AD-AS模型和新经济增长理论对地方财政投资支出与经济增长的关系也进行了探讨。最后，分别就地方财政投资支出对房地产影响的传导机制、地方财政投资支出对房地产影响的循环机理、地方财政投资支出对房地产的影响机制、地方经济内在异质性对地方财政投资支出和房地产的影响机制、地方财政投资支出结构对房地产和非房地产部门效应的非对称性、地方财政投资支出热衷于投资房地产的原因进行分析。第四章是地方财政投资支出与房地产的统计分析。首先，利用《新中国六十年统计资料汇编》《中国统计年鉴》数据，对地方财政投资支出规模和地方财政投资支出结构做统计性描述，发现地方财政投资支出的规模不断扩大，地方财政投资支出结构（地方财政投资支出与地方财政支出的比值）处于下降趋势，分析了地方财政投资支出各组成部分所占比重变化趋势，同时比较了地方财政投资支出、地方财政支出与全国 GDP 的变化趋势，并分析全社会固定资产投资实际到位资金的趋势、全社会固定资产投资实际到位资金比重的变化、1953—2016 年中央和地方财政支出及其比重变化情况。其次，对房地产进行探讨，对房地产的概念进行界定，按照房地产的用途划分为七种类型，发现中国的房地产周期与国外房地产的长周期特征不同，中国的房地产周期以短周期最为常见，从外生因素、内生因素和随机因素解释探讨房地产周期波动的影响因素，描述房地产周期与宏观经济的关系，发现房地产与国民经济发展具有正相关关系。最后，分别从百城住宅价格指数，一线、二线、三线城市住宅平均价格，一线城市二手住宅价格指数和房地产行业投资指数四类房地产指标分别进行统计分析。

  第五章至第八章是本书的主体部分。第五章基于全国时间序列数据和 SVAR 模型实证分析地方财政投资支出对房地产的影响。利用"中经网统计数据库"1995—2016 年的年度数据，对地方财政投资支出、房地产价格和房地产投资的相关数据进行取对数、做 H-P 滤波处理。使用结构向量自回归（SVAR）方法，结构向量自回归方法中又分为短期 SVAR 和长期 SVAR 分析，分析房地产价格和房地产投资分别对地方财政投资支出冲击的脉冲响应，同时进行方差分解分析。第六章探讨地方财政投资支出对房地产影响的非对称性。首先，创建面板向量自回归模型（Panel-VAR），地方财政投资支出、房地产价格、居民消费价格指数、房地产投资、非房地产投资的数据也分别来自"中经网统计数据库"，也采用 LLC、HT、Breitung、IPS 四种检验方法，对数据进行面板单位根检验，运用广义矩估计（GMM）方法对面板向量自回归（PVAR）进行估计，进行脉冲响应分析和方差分解，解释中国地方财政投资支出对房地产价格、居民消费价格指数、非房地产投资和房地产投资宏观效应的特征事实，从实证角度分析地方财政投资支出对房地产影响的非对称性。在 Iacoviello（2005）的模型基础上，构建本书的动态随机一般均衡（DSGE）模型，作了从财政视角探讨房地产问题，假设房地产产量内生和房地产部门是一个生产部门，以及在生产函数中引入土地要素三方面内容的拓展，采用参数校准方法，使用 Matlab 软件 Dynare 4.4.3 的工具包，分析房地产价格、居民消费价格指数、房地产投资和非房地产投资对地方财政投资支出的脉冲反应，进一步分析地方财政投资支出冲击对房地产的非对称性传导机制。第七章对地方财政投资支出对房地产影响的省际差异性进行实证分析。首先，介绍基于面板结构向量自回归（PSVAR）的地方财政投资支出对房地产影响的模型设定以及共同相关效应估计（CCE）方法，数据来源于"中经网统计数据库"1999—2015 年的相关数据，采用 LLC、HT、Breitung 和 IPS 四种检验方法，进行面板单位根检验。其次，按照不同省份和东中西部地区，探讨房地产价格、房地产投资对财政投资支出冲击的脉冲响应。第八章以重庆市为例，基于 VAR 模型分析地方财政投资支出对房地产的影响，利用"国家统计局主要城市年度数据库"1999—2016 年重庆市的年度数据，对地方财政投资支出、房地产价格和房地产投资的相关数据进行取对数、做 H-P 滤波处理。使用向量自回归（VAR）方法，分析重庆市的房地产价格和房地产投资分别对地方财政投资支出冲击的脉冲响应，同时进行方差分解分析。第九章为本书的主要结论、政策建议以及研究展望。

  本书所做的创新可以从研究对象、研究方法和新的发现三方面进行探讨：

  ①研究对象。本书着重分析地方财政投资支出对房地产的影响。国内外探讨房地产与宏观经济政策的研究，主要集中探讨房地产与金融市场、货币政策的研究，从财政角度探讨与房地产的研究不多。国内学者分析地方财政投资支出对房地产的影响时，涉及房地产的变量

也主要是房地产价格，极少涉及房地产投资因素。因此，本书在研究对象上将房地产投资因素引入，是本书的一处创新。②研究方法。首先，在实证方面。分别采用同质面板向量自回归（PVAR）模型和动态异质且截面相关的面板结构向量自回归（PSVAR）模型，分析地方财政投资支出对房地产的影响。首先，采用面板向量自回归模型分析地方财政投资支出对房地产部门和非房地产部门的非对称性影响。并采用动态异质且截面相关的面板结构向量自回归模型分析地方财政投资支出对房地产影响的省际差异性，是本书的一处实证创新。其次，在理论方面。国内已有学者将财政因素（如土地财政）引入动态随机一般均衡（DSGE）模型中，将地方财政投资支出因素引入 DSGE 的研究不多，故本书通过构建动态随机一般均衡模型，引入地方财政投资支出因素，分析地方财政投资支出对房地产部门和非房地产部门的非对称性影响，是本书的一处理论创新。③新的发现。首先，通过同质面板向量自回归实证分析，得出主要经验结论：地方财政投资支出正向冲击对房地产价格、房地产投资和非房地产投资有显著的正向促进作用，对居民消费价格指数有不太显著的正向促进作用。其次，通过引入垄断竞争和价格黏性等非完全竞争因素，动态随机一般均衡模型模拟结果发现：地方财政投资支出除了和居民消费价格指数呈现明显负相关，以及和房地产投资强正相关外，对房地产价格、非房地产投资均表现为初期负相关、后期正相关的关系，呈现非对称性。最后，通过动态异质且截面相关的面板结构向量自回归模型实证分析，发现地方财政投资支出对房地产具有省际差异性，各省际房地产价格、房地产投资对财政投资支出冲击的响应存在差异性，东中西部房地产价格、房地产投资对地方财政投资支出冲击的响应也明显不同。

通过以上研究，本书得出四条结论：①地方财政投资支出对房地产具有省际差异性。②地方财政投资支出对房地产部门和非房地产部门具有非对称性影响。③地方财政投资支出范围过宽。④地方政府官员考核指标存在偏差。

本书提出八条政策建议：①财政政策制定和执行应因省而异。②建立不同地区的同级地方政府间的横向财政转移支付制度。③财政政策应做好在房地产部门和非房地产部门之间的利益权衡。④地方财政投资支出的安排应体现量入为出的原则。⑤约束不合理的地方财政投资支出,破除利益刚性。⑥以民生改善为导向,优化地方政府官员的政绩考核体系。⑦地方财政投资支出由经济建设职能向公共服务职能转变。⑧依据财政规则做财政投资支出决策,减少相机抉择行为。并对财政投资支出对房地产影响的研究做了展望。

关键词:财政投资支出;房地产;非对称性;面板向量自回归;动态随机一般均衡

Abstract

The report of the Party's 20th National Congress clearly pointed out that: adhere to the house is used for living, not for speculation. Since 1998, real estate prices have risen significantly, and the real estate industry has become a pillar industry for local governments. Overheated real estate investment has led to the insolvency of some real estate enterprises, and half of the real estate construction in some prefecture-level cities has been suspended because of funding problems. Although the speculative demand for real estate has been restrained, the rigid demand for house purchase is difficult to restrain. Due to the weakening of the status of real estate as the main driving force of contemporary macroeconomic development, the unreasonable economic phenomenon of high real estate prices, vacant buildings and restricted residents' purchase of real estate has aroused great attention from society and academia. It is not only of theoretical value, but also of practical significance to study the influence of local fiscal investment expenditure on real estate.

Based on this, this book systematically studies the impact of local fiscal investment expenditure on real estate, and each chapter has a strict internal logical relationship. The first chapter is the introduction. Firstly, discuss the research background and significance of this book. Secondly, analyze the research methods, technical routes and structural arrangements of the book. Finally, expound the innovation and deficiency of this book. The second chapter is literature review. This book discusses the influence of local fiscal investment expenditure on real estate price, real estate investment, fiscal investment expenditure and real estate cycle respectively. The third chapter is the theoretical basis. Firstly, review Keynesian government intervention theory, public goods supply theory, fiscal expenditure growth trend theory and fiscal expenditure asymmetry theory. Secondly, this book analyzes the source, type and social impact of local fiscal expenditure, defines the concept of local fiscal investment expenditure, and discusses the relationship between local fiscal investment expenditure and economic growth based on AD-AS model and new economic growth theory. And finally, This book discusses the transmission mechanism of local fiscal investment expenditure on real estate, the circular mechanism of local fiscal investment expenditure on real estate, the influence mechanism of local fiscal investment expenditure on real estate, the influence mechanism of local economic inherent heterogeneity on local fiscal investment expenditure and real estate, the asymmetric effect of local fiscal investment expenditure structure on real estate and non-real estate sectors, and the reasons why local fiscal investment expenditure is keen to invest in real estate are analyzed. Chapter four is the statistical analysis of local fiscal investment expenditure and real estate. First of all, this book makes a statistical description of the scale and structure of local fiscal investment expenditure by using *Statistical Data of New China in the past* 60 *Years* and *China Statistical Yearbook*. It is found that the scale of local fiscal investment expenditure continues to expand, and the structure of local fiscal investment expenditure (the ratio of local fiscal investment expenditure to local fiscal expenditure) is on a downward trend. This book analyzes the changing trend of the proportion of each component of local fiscal investment expenditure, and compares the changing trend of local fiscal investment expenditure, local fiscal expenditure and national GDP. It also analyzes the trend of the funds actually in place for the whole society's fixed asset investment, the change of the proportion of funds actually in place for the whole society's fixed asset investment, and the change of central and local fiscal expenditure and its proportion from 1953 to 2016. Secondly, the book discusses real estate, defines the concept of real estate, and divides it into seven types according to the use of real estate. It is found that the real estate cycle in China is different from the long cycle in foreign real estate, and the short cycle is the most common one in China. The influencing factors of the real estate cycle fluctuation are discussed from the explanations of exogenous, endogenous and random factors. This book describes the relationship between real estate cycle and macro-economy, and finds that real estate has a positive correlation with national economic development. Finally, four real estate indicators are analyzed from the housing price index of 100 cities, the average housing price of first, second and third tier cities, the second-hand housing price index of first tier cities and the investment index of real estate industry.

Chapters five to eight are the main part of this book. The fifth chapter is based on the national time series data and SVAR model to analyze the impact of local fiscal investment expenditure on real estate. Using the annual data of "China Economic Network Statistical Database" from 1995 to 2016, the logarithm of local fiscal investment expenditure, real estate price and real estate investment related data are processed by H-P filtering. Using the structural vector autoregression (SVAR) method, which is divided into short-term SVAR and long-term SVAR analysis, the impulse response of real estate price and real estate investment to the impact of local fiscal investment expenditure is analyzed, and variance decomposition analysis is carried out at the same time. Chapter six discusses the asymmetry of local fiscal investment expenditure on real estate. First, a Panel vector autoregressive model (Panel-VAR) was created. The data of local fiscal investment expenditure, real estate price, consumer price index, real estate investment and non-real estate investment were also from the "China Economic Network Statistical Database", and four test methods of LLC, HT, Breitung and IPS were also adopted. The panel unit root test is carried out on the data, the generalized moment estimation (GMM) method is used to estimate the panel vector autoregression (PVAR), impulse response analysis and variance decomposition are carried out, and the characteristic facts of the macro effects of China's local fiscal investment expenditure on real estate prices, consumer price index, non-real estate investment and real estate investment are explained. This book analyzes the asymmetry of local fiscal investment expenditure on real estate from an empirical point of view. On the basis of Iacoviello's (2005) model, the dynamic stochastic general equilibrium (DSGE) model of this book is constructed, and the real estate problem is discussed from the fiscal perspective, assuming that the real estate output is endogenous and the real estate sector is a production sector, and the production function is expanded by introducing land elements. The toolkit of Matlab software Dynare 4.4.3 is used to analyze the impulse response of real estate price, consumer price index, real estate investment and non-real estate investment to local fiscal investment expenditure, and further analyze the asymmetric transmission mechanism of local fiscal investment expenditure impact on real estate. Chapter seven makes an empirical analysis of the inter-provincial differences in the impact of local fiscal investment expenditure on real estate. Firstly, this book introduces the model setting and co-correlation effect estimation (CCE) method of the impact of local fiscal investment expenditure on real estate based on panel structure vector autoregression (PSVAR). The data are derived from the relevant data of "China Economic Network Statistical Database" from 1999 to 2015, and four test methods, LLC, HT, Breitung and IPS, are adopted. Perform panel unit root check. Secondly, according to different provinces and eastern and central regions, the impulse response of real estate price and real estate investment to fiscal investment expenditure is discussed. The eighth chapter takes Chongqing Municipality as an example, analyzes the impact of local fiscal investment expenditure on real estate based on VAR model, and uses the annual data of Chongqing Municipality from 1999 to 2016 in "Annual Database of Major Cities of National Bureau of Statistics" to take logarithm and perform H-P filtering on the relevant data of local fiscal investment expenditure, real estate price and real estate investment. The vector autoregression (VAR) method is used to analyze the impulse response of real estate price and real estate investment to local fiscal investment expenditure in Chongqing Municipality, and the variance decomposition analysis is carried out. Chapter nine is the main conclusions, policy recommendations and research prospects of the book.

The innovations made in this book can be discussed from three aspects: research object, research method and new findings:

① Research object. This book focuses on the impact of local fiscal investment expenditure on real estate. The research on real estate and macroeconomic policies at home and abroad mainly focuses on real estate, financial market and monetary policy, and there are few studies on real estate from the perspective of finance. When domestic scholars analyze the impact of local fiscal investment expenditure on real estate, the variables involved in real estate are mainly real estate prices, and rarely involve real estate investment factors. Therefore, the introduction of real estate investment into the research object of this book is an innovation. ② Research methods. Firstly, on the empirical side. A homogenous panel vector autoregression (PVAR) model and a dynamic heterogeneous and cross-sectional panel structure vector autoregression (PSVAR) model are used to analyze the influence of local fiscal investment expenditure on real estate. The panel vector autoregressive model is used to analyze the asymmetric effects of local fiscal investment expenditure on real estate sector and non-real estate sector. An empirical innovation of this book is the use of dynamic heterogeneous and cross-sectional panel structure vector autoregressive model to analyze the inter-provincial differences in the impact of local fiscal investment expenditure on real estate. Secondly, in theory. Domestic scholars have introduced fiscal factors (such as land finance) into the dynamic stochastic general equilibrium (DSGE) model, but few studies have introduced local fiscal investment expenditure factors into DSGE. Therefore, this book introduces local fiscal investment expenditure factors by constructing a dynamic stochastic general equilibrium model. It is a theoretical innovation of this book to analyze the asymmetrical influence of local fiscal investment expenditure on the real estate sector and the non-real estate sector. ③ New discoveries. Firstly, through the homogenous panel vector autoregressive empirical analysis, the main empirical conclusion is drawn: the positive impact of local fiscal investment expenditure has a significant positive promoting effect on real estate price, real estate investment and non-real estate investment, and has a less significant positive promoting effect on the consumer price index. Secondly, by introducing non-perfect competition factors such as monopoly competition and price stickiness, the simulation results of dynamic stochastic general equilibrium model show that: In addition to the obvious negative correlation with the consumer price index and the strong positive correlation with real estate investment, the local fiscal investment expenditure shows an asymmetric relationship with real estate price and non-real estate investment in the initial negative correlation and the later positive correlation. Finally, through the empirical analysis of the dynamic heterogeneous and cross-sectional panel structure vector autoregressive model, it is found that local fiscal investment expenditure has inter-provincial differences on real estate, and the response of inter-provincial real estate prices and real estate investment to the impact of fiscal investment expenditure is different, and the response of eastern, central and western real estate prices and real estate investment to the impact of local fiscal investment expenditure is also significantly different.

Through the above research, this book draws four conclusions: ① Local fiscal investment expenditure has inter-provincial differences in real estate. ② Local fiscal investment expenditure has an asymmetric effect on the real estate sector and the non-real estate sector. ③ The scope of local fiscal investment expenditure is too wide. ④ There are deviations in the evaluation indexes of local government officials.

The book makes eight policy recommendations: ① Fiscal policy formulation and implementation should vary from province to province. ② Establish a horizontal fiscal transfer payment system between local governments at the same level in different regions. ③ Fiscal policy should balance the interests between the real estate sector and the non-real estate sector. ④ The arrangement of local fiscal investment expenditure should reflect the principle of making both ends meet. ⑤ Restrain unreasonable local fiscal investment expenditures and break the rigidity of interests. ⑥ Optimize the performance evaluation system for local government officials, guided by the improvement of people's livelihood. ⑦ Local fiscal investment expenditure has been transformed from the function of economic construction to the function of public service. ⑧ Make fiscal investment expenditure decisions according to fiscal rules, and reduce discretionary behavior. And the research on the impact of fiscal investment expenditure on real estate is prospected.

Keywords: Fiscal Investment Expenditure; Real Estate; Asymmetry; Panel Vector Auto Regression; Dynamic Stochastic General Equilibrium

目 录

第一章 导论 … 1
第一节 研究背景与选题意义 … 1
第二节 研究方法、技术路线与结构安排 … 4
第三节 研究的创新以及不足 … 11

第二章 文献综述 … 14
第一节 国外研究综述 … 14
第二节 国内研究综述 … 18
第三节 国内外研究述评 … 22

第三章 理论基础 … 24
第一节 地方财政投资支出相关理论 … 24
第二节 地方财政投资支出与经济增长 … 27
第三节 地方财政投资支出对房地产影响的机理分析 … 33
第四节 本章小结 … 39

第四章 地方财政投资支出与房地产的统计分析 … 41
第一节 地方财政投资支出的统计分析 … 41
第二节 房地产的统计分析 … 64
第三节 本章小结 … 79

第五章　地方财政投资支出对房地产影响的实证分析
——基于全国时间序列数据和 SVAR 模型 …… 82

第一节　引言 …… 82

第二节　短期 SVAR 模型的地方财政投资支出对房地产
影响的实证分析 …… 83

第三节　长期 SVAR 模型的地方财政投资支出对房地产
影响的实证分析 …… 98

第四节　本章小结 …… 99

第六章　地方财政投资支出对房地产影响的非对称性分析 …… 102

第一节　引言 …… 102

第二节　基于 PVAR 模型的地方财政投资支出对
房地产影响的非对称性分析 …… 105

第三节　基于 DSGE 模型的地方财政投资支出对
房地产影响的非对称性分析 …… 117

第四节　本章小结 …… 128

第七章　地方财政投资支出对房地产影响的省际差异性实证分析 …… 130

第一节　引言 …… 130

第二节　基于 PSVAR 模型的地方财政投资支出对
房地产影响的模型设定 …… 132

第三节　基于 PSVAR 模型的地方财政投资支出对
房地产影响的模型估计 …… 134

第四节　实证研究 …… 137

第五节　本章小结 …… 146

第八章　地方财政投资支出对房地产影响的实证分析
——基于重庆市时间序列数据和 VAR 模型 …… 147

第一节　引言 …… 147

第二节　基于 VAR 模型的地方财政投资支出对房地产的

　　　　　　影响分析 ·· 148

　　第三节　本章小结 ·· 167

第九章　主要结论及政策建议 ···································· 169

　　第一节　主要结论 ·· 169

　　第二节　政策建议 ·· 172

　　第三节　研究展望 ·· 175

附录 ··· 178

参考文献 ··· 182

第一章

导 论

第一节 研究背景与选题意义

一 研究背景

党的十八届三中全会确定市场在资源配置中的作用已由"基础性"位置提升至"决定性"的位置。同时,地方政府在中国经济发展中所做出的贡献亦功不可没,地方财政投资支出在地方财政支出中也占有较高的比例。地方财政投资支出除在满足必要的民生支出之外,作为地方政府支持地方经济发展的地位十分重要。房地产市场在中国一直方兴未艾,由于中国金融市场不健全,房地产成为广大人民群众比较信赖的投资方向。房地产市场的繁荣发展,地方财政投资支出发挥了极其重要的作用。

二 选题意义

由于世界上存在不同的国家体制,导致国内外学者研究房地产与经济之间的关系的侧重点明显不同。中国是社会主义国家,要坚定不移走中国式现代化新道路。因此,研究地方财政投资支出对房地产的影响,不仅具有现实意义,也具有理论意义。

（一）现实意义

1998年至今,随着国家政策对房地产的松绑,取消集资房后,房地产市场走向卖方市场,房地产供给量远远难以满足居民购房的刚性需求,外加一些住房的投机性行为,直接导致房地产价格上涨幅度十分明显,房地产市场发展利好。过热的房地产投资导致地方政府对房地产极其偏好,地方政府的财政资金及其他地方政府可用资源均开始出现向房地产市场倾斜的现象。同时,地方财政投资支出对房地产的影响,也引发了社会和学术界的高度关注。

(二) 理论意义

国外房地产市场化起步早,同时市场化程度相对较高,Iacoviello[1]、Iacoviello 和 Neri[2]、Andrés 和 Arce[3] 以及 Gomes 和 Mendicino[4] 大多对房地产与宏观金融的关系进行实证研究。国内学者主要集中研究房地产价格如何受财税政策、货币政策以及产业政策的影响,探讨究竟是哪些因素促使房地产价格只涨不跌。[5][6]

通过对国内外的相关文献进行回顾,发现国内外相关研究存在以下两方面的差异。

1. 缺乏适合中国国情的房地产动态随机一般均衡模型

虽然已有部分国内学者通过构建动态随机一般均衡模型,来探讨房地产与其他经济变量的关系,高然和龚六堂[7]参照 Iacoviello、Iacoviello 和 Neri 的模型,建立一个比较贴合中国实际的 DSGE 模型,探讨中国土地财政对宏观经济波动的影响。王频和侯成琪[8]也在 Iacoviello 模型基础上,建立包含消费品和房地产部门的具有中国特征的 DSGE

---

[1] Iacoviello M., "House Prices, Borrowing Constraints, and Monetary Policy in the Business Cycle", *American Economic Review*, Vol. 95, No. 3, 2005, pp. 739-764.

[2] Iacoviello, M., Neri S., "Housing Market Spillovers: Evidence from an Estimated DSGE Model", *American Economic Journal: Macroeconomics*, Vol. 2, No. 22, 2010, pp. 125-164.

[3] Andrés J., Arce O., "Banking Competition, Housing Prices and Macroeconomic Stability", *Economic Journal*, Vol. 122, No. 565, 2012, pp. 1346-1372.

[4] Gomes S., Mendicino C., "Housing Market Dynamics: Any News?", ECB Working Paper, No. 1775, 2015.

[5] 史永东、陈日清:《不确定性条件下的房地产价格决定:随机模型和经验分析》,《经济学(季刊)》2008 年第 1 期。

[6] Wang X., Wen Y., "Housing Prices and the High Chinese Saving Rate Puzzle", *China Economic Review*, Vol. 23, No. 2, 2012, pp. 265-283.

[7] 高然、龚六堂:《土地财政、房地产需求冲击与经济波动》,《金融研究》2017 年第 4 期。

[8] 王频、侯成琪:《预期冲击、房价波动与经济波动》,《经济研究》2017 年第 4 期。

模型，研究预期对住房价格和宏观经济总量的效应。梅冬州等①构建动态随机一般均衡模型，探讨房价变动、土地财政与中国经济波动之间的关系。但是，国内学者还是主要从局部均衡层面对房地产市场进行经济理论分析。

2. 数据选取存在偏差

中国的财政投资支出具有很强的生产建设性质，其结构构成与真正意义上的公共财政投资支出有明显差异，如果在研究中使用财政投资支出数据，不依据西方研究通常采用的公共财政投资支出数据，明显存在数据选取偏差，估计结果可能也不会准确。

在地方财政支出与房地产关系方面，国内外学者的研究具有以下不足：一是大都集中在时间序列的分析上，未考虑区域差异的特征。二是未重视财政支出与房地产投资具有非理性膨胀的负面影响。三是国内地方财政投资支出行为对房地产影响的研究大都侧重于实证研究，缺少探讨地方财政投资支出行为对房地产影响的理论分析。

从以上对文献的评价来看，尽管国内外相关研究是从不同视角对地方财政投资支出对房地产的影响做出了颇有力度的探讨。但是，这些研究存在一定的不足，突出表现为：首先，在理论上分析地方财政投资支出对房地产的影响时，多是定性分析，却少有通过构建理论模型进行定量分析，更是缺乏在动态随机一般均衡框架下，定量分析地方财政投资支出对房地产影响的内在作用机理。其次，基于刚性需求的购房理论尽管维持了科学理论中的不变性，但却无法解释现实生活中房地产价格上涨的其他因素。在现实生活中，引起房地产价格变化的偏好的确会发生不可预期的变化。尽管国内外有关学者探讨了房地产与财政投资支出以及房地产周期的研究，但仍有许多关于房地产市场和财税政策、货币政策的研究尚待深入探讨。在这些研究当中，如何将地方财政投资支出与房地产的研究结合起来，是本书的研究重点。

---

① 梅冬州等：《房价变动、土地财政与中国经济波动》，《经济研究》2018 年第 1 期。

第二节 研究方法、技术路线与结构安排

一 研究方法

在理论研究的基础上,通过收集、整理相关数据,运用计量工具进行实证研究。同时,将定量分析、定性分析结合起来,分析地方财政投资支出对房地产的影响。

在理论研究上,国内外学者对房地产受财政投资支出影响的研究,在动态随机一般均衡(DSGE)框架下探讨的为数不多。本书拟将中国地方政府的财政投资支出因素,从地方财政投资支出的规模和结构角度,引入宏观经济学研究通常采用的动态随机一般均衡研究范式,讨论地方财政投资支出行为对房地产影响的作用机制。

在实证研究方面,对于全国年度时间序列数据,采用H-P滤波、结构向量自回归(SVAR)方法进行实证计量分析。对于省级面板数据,采用H-P滤波、动态异质且截面相关的面板结构向量自回归(PSVAR)和面板向量自回归(PVAR)方法进行实证计量分析。对于35个大中城市的面板数据采用面板向量自回归方法进行实证计量分析。对于重庆市时间序列数据,采用H-P滤波、向量自回归(VAR)方法进行实证计量分析。在参数估计上,主要采用参数校准(Parameter Calibration)、广义矩估计(GMM)等方法确定模型中的各项参数。

与国内其他财政政策效应研究不同,本书将试图来探讨省级财政投资支出对房地产的影响,基于动态异质且截面相关的面板结构向量自回归模型。常用于财政投资支出效应研究的方法大致可概括为VAR类模型以及DSGE模型,VAR类模型及DSGE模型建立在各省级相互不相关假设基础之上,同时需要建立多个VAR类模型及DSGE模型来描述各省级的异质性,基于共同相关效应估计(CCE)处理截面相关的方法,近年来大部分文献将其应用于单变量动态异质/同质的面板回归估计中,本书将借鉴CCE方法来分别讨论动态异质且截面相关

的面板结构向量自回归PSVAR模型的估计。

面板向量自回归（PVAR）方法对VAR模型和面板技术进行了综合，既能够利用VAR模型的优点去分析地方财政投资支出对房地产价格、居民消费价格指数、房地产投资和非房地产投资的动态响应，又可以控制不可观察的个体异质性，无论是时间效应还是个体效应。估计面板向量自回归时，采用"Helmert Procedure"① 方法，消除可以控制却不可以观察的每个个体向前的均值，也就是每一个时期未来观察值的均值，Helmert变换可以保证变换变量与滞后回归因子之间的正交性，于是与误差项也不相关，因此就可以将滞后回归因子作为工具变量，采用系统广义矩方法估计方程。

在定性分析上，基于DSGE理论探讨财政投资支出对房地产影响的传导机制，探讨财政投资支出对房地产部门和非房地产部门的非对称性。同时结合动态异质且截面相关的面板结构向量自回归面板和面板向量自回归的实证研究结果，从动态异质且截面相关的面板结构向量自回归面板的结果分析地方财政投资支出对房地产影响的省际差异性。截面相关的面板结构向量自回归面板的计量分析由于采用传统的计量经济学软件如Eviews 9.0和Stata 14.0都无法进行有效分析，只能通过借助R语言进行编程，对处理过的数据进行回归。面板向量自回归采用Stata14.0的软件包可以直接对数据进行计量工具分析。结合面板向量自回归的结果分析财政投资支出对房地产部门和非房地产部门的非对称性影响，提出主要结论、政策建议以及研究展望。

二 技术路线

技术路线共分为五部分，如图1-1所示：第一，对地方财政投资支出和房地产进行统计分析。第二，微观层面基于全国时间序列数据和SVAR模型分析地方财政投资支出对房地产的影响。第三，微观和宏观层面结合分析地方财政投资支出对房地产影响的非对称性，主要

---

① Arellano, M., Bover, O., "Another Look at the Instrumental Variable Estimation of Error-Components Models", *Journal of Econometrics*, Vol. 68, 1995, pp. 29–51.

基于面板向量自回归和动态随机一般均衡模型。第四，微观层面基于面板结构向量自回归模型分析地方财政投资支出对房地产影响的省际差异性。第五，微观层面基于重庆市相关数据和向量自回归（VAR）模型分析地方财政投资支出对房地产的影响。

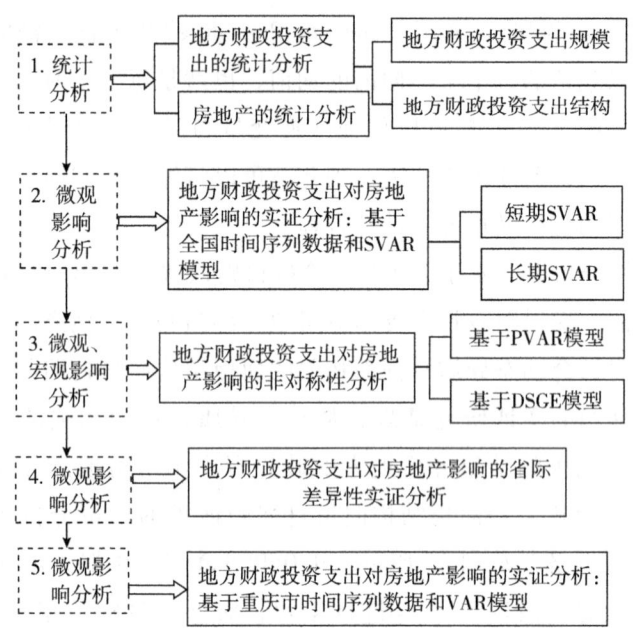

图1-1 技术路线

（一）对地方财政投资支出与房地产进行统计分析

首先，利用《新中国六十年统计资料汇编》《中国统计年鉴》数据，对地方财政投资支出规模和地方财政投资支出结构做统计性描述，发现地方财政投资支出的规模不断扩大，地方财政投资支出结构（地方财政投资支出与地方财政支出的比值）处于下降趋势，分析了地方财政投资支出各组成部分所占比重变化趋势，同时比较了地方财政投资支出、地方财政支出与全国GDP的变化趋势，分析全社会固定资产投资实际到位资金的趋势、全社会固定资产投资实际到位资金比重的变化、1953—2016年中央和地方财政支出及其比重变化情况。

其次，对房地产进行探讨，对房地产的概念进行界定，按照房地产的用途划分为七种类型，发现中国的房地产周期与国外房地产的长周期特征不同，中国的房地产周期以短周期最为常见，从外生、内生和随机因素解释探讨房地产周期波动的影响因素，描述房地产周期与宏观经济的关系，发现房地产与国民经济发展具有正相关关系。最后，分别从百城住宅价格指数，一线、二线、三线城市住宅平均价格，一线城市二手住宅价格指数和房地产行业投资指数四类房地产指标分别进行统计分析。

（二）地方财政投资支出对房地产影响的实证分析：基于全国时间序列数据和SVAR模型

利用"中经网统计数据库"1995—2016年的全国时间序列年度数据，对地方财政投资支出、房地产价格和房地产投资的相关数据进行取对数、做H-P滤波处理。使用结构向量自回归（SVAR）方法，结构向量自回归方法中又分为短期SVAR和长期SVAR分析，分析房地产价格和房地产投资分别对地方财政投资支出冲击的脉冲响应，同时进行方差分解分析。

（三）地方财政投资支出对房地产影响的非对称性影响分析

首先，创建面板向量自回归模型（Panel-VAR），地方财政投资支出、房地产价格、居民消费价格指数、房地产投资、非房地产投资的数据也分别来自"中经网统计数据库"，也采用LLC、HT、Breitung、IPS四种检验方法，对数据进行面板单位根检验，运用广义矩估计（GMM）方法对面板向量自回归（PVAR）进行估计，进行脉冲响应分析和方差分解，解释地方财政投资支出对房地产价格、居民消费价格指数、非房地产投资和房地产投资宏观效应的特征事实，从实证角度分析地方财政投资支出对房地产影响的非对称性。其次，在Iacoviello[①]的模型基础上，构建本书的动态随机一般均衡（DSGE）模型，作了从财政视角探讨房地产问题，假设房地产产量内生和房地产

---

① Iacoviello M., "House Prices, Borrowing Constraints, and Monetary Policy in the Business Cycle", *American Economic Review*, Vol. 95, No. 3, 2005, pp. 739-764.

部门是一个生产部门，以及在生产函数中引入土地要素三方面内容的拓展，采用参数校准方法，使用 Matlab 软件 Dynare 4.4.3 的工具包，分析房地产价格、居民消费价格指数、房地产投资和非房地产投资对地方财政投资支出的脉冲反应，进一步分析地方财政投资支出冲击对房地产的非对称性传导机制。

（四）地方财政投资支出对房地产影响的省际差异性实证分析

首先，介绍基于 PSVAR 的地方财政投资支出对房地产影响的模型设定以及共同相关效应估计（CCE）方法，数据来源于"中经网统计数据库"1999—2015 年的相关数据，采用 LLC、HT、Breitung 和 IPS 四种检验方法，进行面板单位根检验。其次，按照不同省份和东中西部地区，探讨房地产价格、房地产投资对财政投资支出冲击的脉冲响应。

（五）地方财政投资支出对房地产影响的实证分析：基于重庆市时间序列数据和 VAR 模型

利用"国家统计局主要城市年度数据库"1999—2016 年重庆市的年度数据，对地方财政投资支出、房地产价格和房地产投资的相关数据进行取对数、做 H-P 滤波处理。使用向量自回归（VAR）方法，分析重庆市的房地产价格和房地产投资分别对地方财政投资支出冲击的脉冲响应，同时进行方差分解分析。

三　结构安排

本书计划从七部分展开，分别从宏观到微观，通过全国→省份→重庆市三个层次分析地方财政投资支出对房地产的影响。本书利用全国时间序列数据、省份面板数据和重庆市时间序列数据，对地方财政投资支出影响房地产这一问题进行深入研究，进而为中国地方财政投资支出政策实践提供有价值的参考依据。

（一）文献综述

首先，对财政投资支出对房地产影响、财政投资支出和房地产周期两方面的文献，从国外和国内研究分别进行综述。其次，国外对房地产的研究主要从房地产价格和房地产投资两个方面展开。再次，分别从财政投资支出对房地产价格影响、财政投资支出对房地产投资影响两个方面展开，探讨地方财政投资支出和房地产周期的研究。最后，进行小结。

（二）理论基础

介绍基于财政投资性支出分析角度，探讨地方财政投资支出对房地产影响的理论基础。首先，对凯恩斯政府干预理论、公共产品供给理论、财政支出增长趋势理论和财政支出非对称理论进行回顾。其次，分析我国地方财政支出的根源、类型及社会影响，界定地方财政投资支出概念，同时基于 AD-AS 模型和新经济增长理论对地方财政投资支出与经济增长的关系也进行了探讨。再次，分别就地方财政投资支出对房地产影响的传导机制、地方财政投资支出对房地产影响的循环机理、地方财政投资支出对房地产的影响机制、地方经济内在异质性对地方财政投资支出和房地产的影响机制、地方财政投资支出结构对房地产和非房地产部门效应的非对称性、地方财政投资支出热衷于投资房地产的原因进行探讨。最后，进行小结。

（三）地方财政投资支出与房地产统计分析

主要利用《新中国六十年统计资料汇编》《中国统计年鉴》数据，对地方财政投资支出规模和地方财政投资支出结构做统计性描述，发现地方财政投资支出的规模不断扩大，地方财政投资支出结构（地方财政投资支出与地方财政支出的比值）处于下降趋势。首先，分析了地方财政投资支出各组成部分所占比重变化趋势，比较了地方财政投资支出、地方财政支出与全国 GDP 的变化趋势。其次，分析全社会固定资产投资实际到位资金的趋势、全社会固定资产投资实际到位资金比重的变化、1953—2016 年中央和地方财政支出及其比重变化情况。再次，对房地产进行探讨，对房地产的概念进行界定，按照房地产的用途划分为七种类型，发现中国的房地产周期与国外房地产的长周期特征不同，中国的房地产周期以短周期最为常见，从外生、内生和随机因素解释探讨房地产周期波动的影响因素，描述房地产周期与宏观经济的关系，发现房地产与国民经济发展具有正相关关系。最后，分别从百城住宅价格指数，一线、二线、三线城市住宅平均价格，一线城市二手住宅价格指数和房地产行业投资指数四类房地产指标分别进行统计分析。

（四）地方财政投资支出对房地产影响的实证分析：基于全国时间序列数据和SVAR模型

基于SVAR模型实证分析地方财政投资支出对房地产影响。首先，利用"中经网统计数据库"1995—2016年的年度数据，对地方财政投资支出、房地产价格和房地产投资的相关数据进行取对数、做H-P滤波处理。其次，使用结构向量自回归（SVAR）方法，结构向量自回归方法中又分为短期SVAR和长期SVAR分析，分析房地产价格和房地产投资分别对地方财政投资支出冲击的脉冲响应，进行方差分解分析。最后，进行小结。

（五）地方财政投资支出对房地产影响的非对称性分析

针对地方财政投资支出与房地产的理论基础，结合宏观经济运行的基本原理和中国经济运行的特征，提出地方财政投资支出影响房地产价格、居民消费价格指数、房地产投资、非房地产投资的理论假说，同时地方财政投资支出需考虑结构因素，地方财政投资支出可以向基础设施、科教文卫等民生项目倾斜。首先，采用面板向量自回归（PVAR）方法，通过GMM估计、脉冲响应分析和方差分解结果，探讨地方财政投资支出对房地产影响的非对称性。其次，针对中国的房地产部门和非房地产部门，构建符合中国国情的DSGE模型，在生产函数中引入土地因素，假设房地产产量内生，而不是外生给定，房地产部门作为一个生产部门，探讨地方财政投资支出对房地产部门和非房地产部门的非对称性。最后，进行小结。

（六）地方财政投资支出对房地产影响的省际差异性实证分析

首先，利用1999—2015年31个省份以及市级年度面板数据，对地方财政投资支出、房地产价格和房地产投资的相关数据进行取对数、做H-P滤波处理。其次，使用面板结构向量自回归（PSVAR）方法，分析31个省份的房地产价格和房地产投资分别对地方财政投资支出冲击的脉冲响应，对东中西部地区房地产价格和房地产投资对地方财政投资支出冲击的脉冲响应也进行了探讨。最后，进行小结。

（七）地方财政投资支出对房地产影响的实证分析：基于重庆市时间序列数据和 VAR 模型

基于 VAR 模型实证分析地方财政投资支出对房地产影响。首先，利用"国家统计局主要城市年度数据库"1999—2016 年重庆市的时间序列年度数据，对地方财政投资支出、房地产价格、房地产投资和房地产销售面积的相关数据进行取对数、做 H-P 滤波处理。其次，使用向量自回归（VAR）方法，分析房地产价格和房地产投资分别对地方财政投资支出冲击的脉冲响应，进行方差分解分析。最后，进行小结。

第三节　研究的创新以及不足

一　研究的创新

在对国内外相关研究进行分析的基础上，本书所做的创新可以从研究对象、研究方法和新的发现三方面分别进行探讨。

（一）研究对象

本书着重分析地方财政投资支出对房地产的影响。国内外探讨房地产与宏观经济政策的研究，主要集中探讨房地产与金融市场、货币政策的研究，从财政角度探讨与房地产的研究不多。国内学者分析地方财政投资支出对房地产的影响时，涉及房地产的变量也主要是房地产价格，极少涉及房地产投资因素。因此，本书在研究对象上将房地产投资因素引入，是本书的一处创新。

（二）研究方法

1. 实证方面

分别采用面板向量自回归（PVAR）模型和面板结构向量自回归（PSVAR）模型，分析地方财政投资支出对房地产的影响。首先，采用面板向量自回归模型分析地方财政投资支出对房地产部门和非房地产部门的非对称性影响。其次，采用面板结构向量自回归模型分析地方财政投资支出对房地产影响的省际差异性，是本书的一处实证创新。

2. 理论方面

国内已有学者将财政因素（如土地财政）引入动态随机一般均衡（DSGE）模型中，将财政投资支出因素引入 DSGE 的研究不多，故本书通过构建动态随机一般均衡模型，引入地方财政投资支出因素，分析地方财政投资支出对房地产部门和非房地产部门的非对称性影响，是本书的一处理论创新。

（三）新的发现

首先，通过同质面板向量自回归（PVAR）实证分析，得出主要经验结论：地方财政投资支出正向冲击对房地产价格、房地产投资和非房地产投资有显著的正向促进作用，对居民消费价格指数有不太显著的正向促进作用。

其次，通过引入垄断竞争和价格黏性等非完全竞争因素，动态随机一般均衡模型模拟结果发现：地方财政投资支出除了和居民消费价格指数呈现明显负相关，以及和房地产投资强正相关外，对房地产价格、非房地产投资均表现为初期负相关、后期正相关的关系，呈现非对称性。

最后，通过动态异质且截面相关的面板结构向量自回归（PS-VAR）模型实证分析，发现地方财政投资支出对房地产具有省际差异性，各省际房地产价格、房地产投资对财政投资支出冲击的响应存在差异性，东中西部房地产价格、房地产投资对地方财政投资支出冲击的响应也明显不同。

二 研究的不足

由于中国地方财政投资支出和房地产数据的可获得性较低，同时收集国内外相关文献时可能也不是很全面，再加上笔者的科研水平程度等诸多客观和主观条件的限制，本书在研究过程中存在以下两点不足，有待于笔者在今后所做的研究中做进一步更加深入的探讨。

（一）缺少地级市、县的地方财政投资支出和房地产数据进行分析

本书讨论地方财政投资支出对房地产的影响，主要采用的是全国

时间序列数据、31个省份的面板数据、35个大中城市的面板数据以及重庆市的时间序列数据,没有从地级市、县等更为微观的层次,进一步探讨地方财政投资支出对房地产的影响。

(二)缺少地方财政投资支出对房地产影响的国际比较分析

由于各国政府组织形式和功能不尽相同,国外学者主要从货币政策和金融领域角度对房地产进行研究,缺少国外地方财政投资支出行为对房地产影响的具有可比性的有关资料,导致在实证研究中,无法对地方财政投资支出对中国房地产和国外房地产的影响进行比较。

第二章

文献综述

国外财政政策一般对经济干预程度较小,大都奉行大社会、小政府的管理模式,而且国外学者较多从金融领域的货币政策探求与房地产的关系,将财政政策与房地产结合的研究不多。

第一节 国外研究综述

在以往的研究中,Afonso 和 Sousa[1]认为,学者早期研究过多集中于探讨货币政策与房地产价格二者之间的关系,将财政政策与房地产价格结合在一起进行的研究虽然最近刚刚兴起,但研究速度还是明显落后于货币政策与房地产价格的研究。2007 年国际金融危机爆发前夕,国外一些学者普遍认为由房地产价格推动的财政收支增长具有不可持续性,房地产价格的周期波动现象应该受到财政政策制定者的重视。[2][3][4]

---

[1] Afonso A., Sousa R. M., "What are the Effects of Fiscal Policy on Asset Markets", *Economic Modelling*, Vol. 28, No. 4, 2011, pp. 1871–1890.

[2] Eschenbach F., Schuknecht L., "Asset Prices and Fiscal Balances", ECB Working Paper, No. 141, 2002.

[3] Jaeger A., Schuknecht L., "Boom-Bust Phases in Asset Prices and Fiscal Policy Behavior", IMF Working Paper, WP/04/54, 2004.

[4] Morris R., Schuknecht L., "Structural Balances and Revenue Windfalls the Role of Asset Prices Revisited", ECB Working Paper, No. 737, 2007.

第二章 文献综述

本章就财政投资支出对房地产影响、财政投资支出和房地产周期两方面的文献，从国外和国内研究分别进行综述。首先，国外对房地产的研究分别从财政投资支出对房地产价格的影响、财政投资支出对房地产投资的影响两个方面展开。其次，探讨地方财政投资支出和房地产周期的研究。

一 财政投资支出对房地产价格的影响

针对财政投资支出与房地产价格的研究，国外学者主要探讨地方公共品供给与房地产价格之间的关系。Tiebout① 创立的蒂伯特模型，首次在理论上探讨公共产品供给与房地产价格之间的关系。Oates② 针对蒂伯特模型，对公共产品资本化进行了验证，发现地方财政投资支出对房地产价值具有正向的促进作用。Angel 和 García③ 探讨了公共品支出与房地产价格二者之间的关系，同时也证实了 Oates 的结论。但是，Hyman 和 Pasour④ 通过研究发现，大都市之外的地方公共支出对房地产价值的影响不确定，地方公共支出不一定资本化到房地产价格之中。

二 财政投资支出对房地产投资的影响

仅有少数学者就财政投资支出对房地产投资影响进行了分析。Fatás 和 Mihov⑤ 提出政府支出的增长是扩张性的，但导致私人投资的增加，超过了对私人消费下降的补偿，与"真实商业周期"模型的预

---

① Tiebout C. M., "A Pure Theory of Local Expenditures", *Journal of Political Economy*, Vol. 64, No. 5, 1956, pp. 416-424.

② Oates W. E., "The Effects of Property Taxes and Local Public Spending on Property Values: An Empirical Study of Tax Capitalization and the Tiebout Hypothesis", *Journal of Political Economy*, Vol. 77, No. 6, 1969, pp. 957-971.

③ Angel M., García L., "Housing Prices and Tax Policy in Spain", *Spanish Economic Review*, Vol. 6, No. 1, 2004, pp. 29-52.

④ Hyman D. N., Pasour E. C., "Real Property Taxes, Local Public Services, and Residential Property Values", *Southern Economic Journal*, Vol. 39, No. 4, 1973, pp. 601-611.

⑤ Fatás A., Mihov I., "The Effects of Fiscal Policy on Consumption and Employment: Theory and Evidence", CEPR Discussion Paper, No. 2760, 2001.

测正好截然相反。Blanchard 和 Perotti[①]发现政策制定的决定滞后,利用财政变量对经济活动的弹性信息,去识别财政政策的自动反应,他们发现扩张性财政冲击增加产出,对私人消费产生积极影响,对私人投资产生负面影响。Mountford 和 Uhlig[②]对脉冲反应使用符号约束,并通过冲击后最多四个季度的正向支出响应,来确定支出冲击,揭示了住宅和非住宅投资的负相关影响。

三 财政投资支出和房地产周期

Hoyt[③]研究了市场经济条件下供需矛盾对房地产经济周期波长的影响。Wilson 和 Okunev[④]、Pyhrr 等[⑤]研究了房地产周期与投资组合之间的关系。Malpezzi 和 Wachter[⑥]对房地产周期形成中投机的作用机制进行了探讨。

实证研究反复证实房地产市场存在长周期。Wheaton[⑦]发现美国的办公楼空置和办公楼发展周期大约为10年。Ball 等[⑧]运用卡尔曼滤波技术和跨国数据,发现在住宅和非住宅房地产市场中新建筑的长周期为20—30年(称为库兹涅茨周期)。

---

① Blanchard O., Perotti R., "An Empirical Characterization of the Dynamic Effects of Changes in Government Spending and Taxes on Output", *Quarterly Journal of Economics*, Vol. 107, No. 4, 2002, pp. 1329-1368.

② Mountford A., Uhlig H., "What are the Effects of Fiscal Policy Shocks?", *Journal of Applied Econometrics*, Vol. 24, No. 6, 2009, pp. 960-992.

③ Hoyt H., "A Method for Measuring the Value of Imports into an Urban Community", *Land Economics*, Vol. 37, No. 2, 1961, pp. 150-161.

④ Wilson P., Okunev J., "Spectral Analysis of Real Estate and Financial Assets Markets", *Journal of Property Investment & Finance*, Vol. 17, No. 1, 1999, pp. 61-74.

⑤ Pyhrr S. A., et al., "Real Estate Cycles and Their Strategic Implications for Investors and Portfolio Managers in the Global Economy", *Journal of Real Estate Research*, Vol. 18, No. 1, 1999, pp. 7-68.

⑥ Malpezzi S., Wachter S. M., "The Role of Speculation in Real Estate Cycles", *Journal of Real Estate Literature*, Vol. 13, No. 2, 2005, pp. 141-164.

⑦ Wheaton W. C., "The Cyclical Behavior of the National Office Market", *American Real Estate and Urban Economics Association Journal*, Vol. 15, No. 4, 1987, pp. 281-299.

⑧ Ball M., et al., "Structures Investment and Economic Growth: A Long-term International Comparison", *Urban Studies*, Vol. 33, No. 9, 1996, pp. 1687-1706.

Gottlieb① 的 NBER 专题论文，或许对房地产市场周期做了最为系统的分析，采用 Burns 和 Mitchell② 的方法，Gottlieb 调查了不同国家不同城市超过 100 个城市房地产的时间序列数据，发现地方建筑周期均值为 19.7 年，同时有 5 年的平均标准差。国家建筑周期是相似的，当地的、地区的和国家的建筑周期有代表性地聚集到一起。房地产周期可能比典型商业周期更长些，空置率呈现大幅的周期移动。有趣的是，在 Gottlieb 的微观数据中，不同时期不同社区的空置率是相似的，都倾向于领先新建筑周期。Ball 和 Wood③ 使用了长期数据研究，房地产投资模式最明显的时期是在 1945 年以后，主要倾向于长周期。自 1970 年以来，对于大多数国家来说，房地产投资趋势都是平稳的，并且国民收入份额是下降的。房地产投资需求波动有助于帮助稳定 20 世纪五六十年代的世界经济，但是从那以后就成为一个不稳定的因素。

国外学者对房地产周期的研究比较早。有的研究认为，美国经济学家西蒙·库兹涅茨（Simon Kuznets）（1930）在《生产和价格的长期运动》中，最先提出"建筑周期"（Building Cycles）的概念，同时认为，建筑业中存在 15—25 年长度不等的长期波动，建筑周期是房地产周期的雏形。另外，也有研究认为，房地产周期最早是由美国学者霍默·霍伊特（Homer Hoyt）在 1933 年出版的《房地产周期百年史》中提出，房地产行业也有繁荣和衰退。

为什么新建筑呈现大幅度的周期行为？许多解释已经作了说明。学者已经提出建筑成本随时间的变化领先于新建筑波动的解释。但是，这种解释与证据不一致。新建筑的变化看起来和供给变化以及房地产空置相比，成本的变化是更为一致的。因此，问题是：什么改变

---

① Gottlieb M., *Long Swings in Urban Developments*, New York: National Bureau of Economic Research, 1976.

② Burns A. F., Mitchell W. C., *Measuring Business Cycles*, New York: National Bureau of Economic Research, 1946.

③ Ball M., Wood A., "Housing Investment: Long Run International Trends and Volatility", *Housing Studies*, Vol. 14, No. 2, 1999, pp. 185-209.

了供给和房地产空置？对于英格兰来说，Lewis[1]测试了1700—1950年的房地产周期，发现人口、信用和冲击（如战争和自然灾害）的变化是周期后面的驱动力量。对于美国而言，Campbell[2]发现人口改变和周期导致房地产在1890—1960年的变动。

一个关于房地产周期的备择解释是有关房地产开发者的计划行为。新建筑的建设决定是一项选择行为，因为土地拥有者可以让土地当期闲置，以后再开发。一旦房地产开发计划启动，终止或者修改计划都是高成本的。房地产开发价值和房地产其他临近的开发不是独立的。明显地，将房地产发展的选项特征和不同开发者的计划互相影响是一项特殊的任务。早期一些学者已经尝试模拟这些复杂行为，如Grenadier[3]、Wang和Zhou[4]、Wang等[5]。这些模型技术层面涉及事实上的局部均衡，许多关于房地产长周期的经验事实重新设计去迎合周期的计划理论。

第二节　国内研究综述

接下来，首先，探讨财政投资支出对房地产影响的国内研究。国内对房地产的研究分别从财政投资支出对房地产价格的影响、财政投资支出对房地产投资的影响两个方面展开。其次，探讨财政投资支出和房地产周期的研究。

一　财政投资支出对房地产价格的影响

国内一些学者认为财政投资支出对房地产价格上涨具有推动作

---

[1] Lewis J. P., *Building Cycles and Britain's Growth*, London: Macmillan, 1965.

[2] Campbell B. O., "Long Swings in Residential Construction: The Postwar Experience", *American Economic Review*, Vol. 53, No. 2, 1963, pp. 508-518.

[3] Grenadier S., "The Strategic Exercise of Options: Development Cascades and Overbuilding in Real Estate Markets", *Journal of Finance*, Vol. 51, No. 5, 1996, pp. 1653-1679.

[4] Wang K., Zhou Y. Q., "Overbuilding: A Game-theoretic Approach", *Real Estate Economics*, Vol. 28, No. 3, 2000, pp. 493-522.

[5] Wang K., et al., "Over-confidence and Cycles in Real Estate Markets: Cases in Hong Kong and Asia", *International Real Estate Review*, Vol. 3, No. 1, 2000, pp. 93-108.

用。梁若冰和汤韵①认为地方公共服务存在资本化的现象，中国 35 个大中型城市的地方财政投资支出强度对商品房价格有正向的推动作用。周京奎和吴晓燕②发现，财政投资支出对房地产价格具有明显的正向促进作用，财政投资支出和房地产价格之间的关系表现为"水涨船高"的现象，从而房地产价格表现出显著的价格溢出效应。踪家峰等③认为，地方人均财政投资支出对房地产价格具有显著的促进作用，中国地方财政投资支出与房地产价格之间呈现明显的正相关关系。因此，国内各个地区在经过一段时间持续高水平的财政投资支出后，房地产价格的增加无疑都会呈现出来。

然而，也有学者的研究不赞成财政投资支出与房地产价格正相关的结论。如赵安平和罗植④认为，加大民生支出，对遏制房地产价格高企局势的加剧具有一定抑制作用。王文军和黄丽⑤认为，财政投资支出对高房地产价格产生抑制作用，同时对商品住宅价格具有明显的资本化效应。

部分学者从公共品的供给视角，对财政投资支出的资本化程度进行了探讨。周京奎和吴晓燕⑥认为，教育投资与燃气普及率对房地产价格的溢出作用较小，公共交通投资与生态环境投资对房地产价格的溢出作用较大。杜雪君等⑦发现，地方财政投资支出对中西部地区房地产价格的影响较小。

国内学者在研究财政投资支出对房地产市场的影响时，更多的是

---

① 梁若冰、汤韵：《地方公共品供给中的 Tiebout 模型：基于中国城市房价的实证研究》，《世界经济》2008 年第 10 期。
② 周京奎、吴晓燕：《公共投资对房地产市场的价格溢出效应研究——基于中国 30 省市数据的检验》，《世界经济文汇》2009 年第 1 期。
③ 踪家峰等：《中国财政支出资本化与房地产价格》，《财经科学》2010 年第 11 期。
④ 赵安平、罗植：《扩大民生支出是否会推高房价》，《世界经济》2012 年第 1 期。
⑤ 王文军、黄丽：《公共投资对商品住宅价格的影响效应研究——基于中国 35 个大中城市截面数据的分析》，《当代财经》2012 年第 10 期。
⑥ 周京奎、吴晓燕：《公共投资对房地产市场的价格溢出效应研究——基于中国 30 省市数据的检验》，《世界经济文汇》2009 年第 1 期。
⑦ 杜雪君等：《房地产价格、地方公共支出与房地产税负关系研究——理论分析与基于中国数据的实证检验》，《数量经济技术经济研究》2009 年第 1 期。

侧重于财政投资支出对商品房住宅市场的影响，财政投资支出对政策性住房（廉租住房、经济适用住房、政策性租赁住房和定向安置房等）影响的研究还十分欠缺。通过比较分析发现，中央和地方财政投资支出中的不同项目，对房地产市场的影响存在差异，对商品房住宅市场的影响较为明显，对商业房地产市场的影响不是十分明显。对中央、地方财政投资支出的数据分别进行比较，发现地方财政投资支出对推动房地产价格上升更容易一些。地方政府对政策性住房进行的财政投资支出，主要动机是保障中低收入者的居住水平，地方政府以低于市场运行的房地产价格，让中低收入者以较低成本购置或出租房地产的社会保障手段是项民生工程。

在已有研究中，中国政府的职能更侧重于经济建设，对提供民生性公共产品不是很重视[1]。地方政府在这样的制度背景下，为了短时间内增加财政收入和做大 GDP，以获得上级政府的认可，导致地方财政投资支出结构愈加偏重于基础设施建设。范剑勇和莫家伟[2]通过实证研究发现，中国地方财政投资支出结构对基础设施建设比较偏重，具有明显的资本化倾向。傅勇和张晏[3]、傅勇[4]认为，正是中国式财政分权下垂直的政治管理体制，结合经济增长共同激励的结果，导致地方财政投资支出结构重视基本建设，轻视公共服务。乔宝云等[5]、贾智莲和卢洪友[6]也认为地方财政投资支出对基础设施建设比较偏好，主要因为不同种类的公共品对经济增长的效应不同，从而对教育等民生类公共产品的供给不足。

---

[1] 秦晓：《市场化进程：政府与企业》，社会科学文献出版社 2010 年版。
[2] 范剑勇、莫家伟：《地方债务、土地市场与地区工业增长》，《经济研究》2014 年第 1 期。
[3] 傅勇、张晏：《中国式分权与财政支出结构偏向：为增长而竞争的代价》，《管理世界》2007 年第 3 期。
[4] 傅勇：《中国的分权为何不同：一个考虑政治激励与财政激励的分析框架》，《世界经济》2008 年第 11 期。
[5] 乔宝云等：《财政分权与小学义务教育：中国案例》，《中国社会科学（英文版）》2006 年第 2 期。
[6] 贾智莲、卢洪友：《财政分权与教育及民生类公共品供给的有效性——基于中国省级面板数据的实证分析》，《数量经济技术经济研究》2010 年第 6 期。

二 财政投资支出对房地产投资的影响

国内学者极少探讨财政投资支出对房地产投资的影响,董昕[1]发现房地产的财政投资支出对私人投资具有挤出效应。王文甫等[2]通过利用SVAR模型进行实证分析,发现财政投资支出的正向冲击对房地产投资具有正向的促进作用,财政投资支出对房地产经济带来正效应的影响。

三 财政投资支出和房地产周期

何国钊等[3]发现中国房地产周期大致在4—5年,探讨了房地产周期波动如何受投资和宏观政策等因素的影响。张晓晶和孙涛[4]认为,房地产周期的驱动因素主要由增长面、宏观面和制度面构成,房地产发展和房地产价格总水平长期内呈现正相关关系。但是,何国钊等、张晓晶和孙涛对房地产周期的分析,均囿于房地产周期的单一时间尺度特征,缺乏对房地产内在准周期的识别依据。梅冬州等[5]发现,地方财政投资支出周期和房地产价格的周期具有一定的联系,土地财政在二者之间搭建了桥梁。

梁桂[6]分析了1986—1995年中国不动产经济的周期性波动。王国军和刘水杏[7]认为,中国房地产业对各产业的总带动效应为1∶1.416。王东和陈诗骏[8]发现,1990—2005年,深圳市房地产具有五个波动周期,每个周期为三年左右。张红等[9]预测北京市房地产市场周期约为

---

[1] 董昕:《政府投资是否导致国进民退——基于中国各地区房地产行业面板数据的研究》,《当代财经》2010年第10期。

[2] 王文甫等:《政府支出的外部性、信贷约束与房地产波动》,《世界经济文汇》2017年第2期。

[3] 何国钊等:《中国房地产周期研究》,《经济研究》1996年第12期。

[4] 张晓晶、孙涛:《中国房地产周期与金融稳定》,《经济研究》2006年第1期。

[5] 梅冬州等:《房价变动、土地财政与中国经济波动》,《经济研究》2018年第1期。

[6] 梁桂:《中国不动产经济波动与周期的实证研究》,《经济研究》1996年第7期。

[7] 王国军、刘水杏:《房地产业对相关产业的带动效应研究》,《经济研究》2004年第8期。

[8] 王东、陈诗骏:《基于优化扩散指数法对房地产周期波动的研究——以深圳市为例》,《经济评论》2007年第5期。

[9] 张红等:《基于动态计量经济学模型的房地产周期研究》,《清华大学学报》(自然科学版)2007年第12期。

4—5年。徐国祥和王芳[①]发现，中国房地产市场具有3年的主周期波动，中国房地产政策的周期性对中国房地产周期具有密切的影响。许宪春等[②]认为，房地产经济增长速度合理与否，对国民经济健康发展意义重大，房地产经济增速过快或过缓，都不利于国民经济健康发展，过快容易导致房地产泡沫，过缓也不利于经济繁荣。冯科[③]认为，中国房地产市场具有比较明显的周期性特征，中国房地产短周期为3年，中周期为8.7年。

国内学者对房地产长周期的研究较少。齐锡晶等[④]认为，中国房地产市场的长周期为10年左右。但是也有部分学者认为中国房地产不存在长周期，王蕾和周洋[⑤]认为，中国的房地产市场没有经历过一个完整的房地产长周期。

第三节　国内外研究述评

在对国内外相关研究进行分析的基础上，本书所做的创新可以从研究对象、研究方法和新的发现三个方面分别进行探讨。

一　研究对象

本书着重分析地方财政投资支出对房地产的影响。国内外探讨房地产与宏观经济政策的研究，主要集中探讨房地产与金融市场、货币政策的研究，从财政角度探讨与房地产的研究不多。国内学者分析地方财政投资支出对房地产的影响时，涉及房地产的变量也主要是房地

[①] 徐国祥、王芳：《我国房地产市场周期波动谱分析及其实证研究》，《统计研究》2010年第10期。

[②] 许宪春等：《房地产经济对中国国民经济增长的作用研究》，《中国社会科学》2015年第1期。

[③] 冯科：《中国房地产投资波动对经济周期的影响研究》，《北京工商大学学报》（社会科学版）2016年第5期。

[④] 齐锡晶等：《中国房地产市场周期波动分析》，《东北大学学报》（自然科学版）2010年第7期。

[⑤] 王蕾、周洋：《房地产长周期拐点尚需时日——兼评2016房地产新政》，《国际金融》2017年第2期。

产价格，极少涉及房地产投资因素。因此，在研究对象上将房地产投资因素引入，是本书的一处创新。

二 研究方法

（一）实证方面

分别采用面板向量自回归（PVAR）模型和面板结构向量自回归（PSVAR）模型，分析地方财政投资支出对房地产的影响。首先，采用面板向量自回归模型分析地方财政投资支出对房地产部门和非房地产部门的非对称性影响。其次，采用面板结构向量自回归模型分析地方财政投资支出对房地产影响的省际差异性，是本书的一处实证创新。

（二）理论方面

国内已有学者将财政因素（如土地财政）引入动态随机一般均衡（DSGE）模型中，将财政投资支出因素引入 DSGE 的研究不多，故本书通过构建动态随机一般均衡模型，引入地方财政投资支出因素，分析地方财政投资支出对房地产部门和非房地产部门的非对称性影响，是本书的一处理论创新。

三 新的发现

首先，通过同质面板向量自回归实证分析，得出主要经验结论：地方财政投资支出正向冲击对房地产价格、房地产投资和非房地产投资有显著的正向促进作用，对居民消费价格指数有不太显著的正向促进作用。

其次，通过引入垄断竞争和价格黏性等非完全竞争因素，动态随机一般均衡模型模拟结果发现：地方财政投资支出除了和居民消费价格指数呈现明显负相关，以及和房地产投资强正相关外，对房地产价格、非房地产投资均表现为初期负相关、后期正相关的关系，呈现非对称性。

最后，通过动态异质且截面相关的面板结构向量自回归模型实证分析，发现地方财政投资支出对房地产具有省际差异性，各省际房地产价格、房地产投资对财政投资支出冲击的响应存在差异性，东中西部房地产价格、房地产投资对地方财政投资支出冲击的响应也明显不同。

第三章

理论基础

第一节 地方财政投资支出相关理论

一 凯恩斯政府干预理论

1929—1933年资本主义世界经济危机之后,凯恩斯政府干预理论诞生。凯恩斯政府干预理论既是经济大萧条的直接产物,又是国家垄断资本主义发展的必然产物。凯恩斯在其代表著作《就业利息和货币通论》中,对萨伊定律(Say's Law)进行了批判。萨伊定律认为"供给创造其自身的需求",经济不会出现任何生产过剩的危机,就业不足这种局面也不会出现。凯恩斯则认为市场中的供给不能自动创造自身的需求,社会总供给总是大于社会总需求。为了弥补市场机制运行的缺陷,凯恩斯主张政府对经济运行进行干预。亚当·斯密的经济理论通常被学术界形容为市场机制占主导的"看不见的手"理论,凯恩斯政府干预理论于是也就被学术界形容为政府干预为辅的"看得见的手"理论,用于弥补市场机制运行的缺陷。

二 公共产品供给理论

地方公共品是某个特定辖区内的公共品。"地方公共品"的概念由美国经济学家Tiebout[①]最早提出,他认为,地方公共品具有显著不同的

---

① Tiebout C. M., "A Pure Theory of Local Expenditures", *Journal of Political Economy*, Vol. 64, No. 5, 1956, pp. 416-424.

地域特征，居民对地方公共品供给的偏好由"用脚投票"模型揭示。

按照公共经济学的通常分类方法①②，地方公共品由经济性和非经济性两类构成，经济性地方公共品以交通、电力等基础设施为主。非经济性地方公共品以教科文卫和环保设施等公共服务为代表。

首先，古典经济学派如英国学者霍布斯（Hobbes，1651）对国家的概念进行了论述。英国学者大卫·休谟（David Hume，1740）也从国家职能角度对公共产品展开进一步的研究，奠定了财政学的理论框架。新古典（综合派）的均衡理论涉及威克塞尔—林达尔均衡和萨缪尔森均衡。其次，布坎南（Buchanan，1965）和马斯格雷夫（Musgrave，1959）确立了公共经济学的理论体系。

三 财政支出增长趋势理论

财政支出规模随着社会经济的发展一直稳中有升，自1890年著名的"瓦格纳"法则对财政支出做了理论解释外，还有三种理论对财政支出的增长趋势也做了理论阐述，具体内容如表3-1所示。

表3-1　　　　　　　　财政支出增长趋势的主要理论

序号	经济学家	年份	理论	内容
1	Wagner	1890	政府活动扩张论	"瓦格纳"法则，最早对财政支出规模不断扩大的现象展开了研究，从政治因素和经济因素两个方面分析了财政支出不断增长的原因
2	Peacock and Wiseman	1961	梯度渐进增长论	经济发展带动财政收入增加，并推动财政支出规模上升，即呈现渐进增长的趋势
3	Musgrave and Rostow	1969 1971	发展阶段增长论	不同经济发展阶段的财政支出增长理论，初级阶段公共投资投入较大、占比较高，中级阶段公共投资增长减缓、投入下降，成熟阶段公共投资需求提高、投资增长回升

---

① Keen M., Marchand M., "Fiscal Competition and the Pattern of Public Spending", *Journal of Public Economics*, Vol. 66, No. 1, 1997, pp. 33–53.

② Cai H., Treisman D., "Does Competition for Capital Discipline Governments? Decentralization, Globalization, and Public Policy", *American Economic Review*, Vol. 95, No. 3, 2005, pp. 817–830.

续表

序号	经济学家	年份	理论	内容
4	Downs	1957	官僚行为增长论	属于公共选择理论范畴,认为官僚行为会导致财政支出规模不断上升
	Brown and Jackson	1990		

除此之外,西方福利经济学派也分析了财政支出规模的增长。总之,影响财政支出规模扩张的因素多种多样,诸如政治、经济以及社会因素。政治因素主要有国家职能部门扩大、财政供养人员增加等,经济因素如物价波动、通货膨胀等,社会因素如社会福利的改善等。

四 财政支出非对称理论

财政支出主要是由于政府所承担的职能引起的,每个国家在经济发展的不同阶段财政支出都发挥着重要的作用,社会是由多部门组织起来的,包括农业部门、工业部门、第三产业部门以及其他部门,在经济的发展初期,财政支出一般比较偏向基础设施建设,在经济发展到一定水平后,财政支出更多地会偏向提供越来越多的公共服务。因此,财政支出总体上是非对称的,不可能在各个部门均衡分配财政支出。财政支出对于房地产部门和非房地产部门的支出必然也是非对称的,当地方政府比较依赖于房地产部门为其提供税收时,地方政府必将加大对房地产部门的财政支出。当房地产部门发展形势不太乐观时,地方政府的财政支出重点有可能更倾向于实体经济、休闲旅游、休闲农业等非房地产部门。

在对财政政策的非对称效应研究方面,国外学者 Sorensen 和 Yosha[①]、Tagkalakis[②]、Auerbach 和 Yuriy[③] 开展过相关的研究工作,国内学者主要探讨紧缩性、扩张性或稳健性财政政策与经济周期之间

---

① Sorensen B. E., Yosha O., "Is State Fiscal Policy Asymmetric over the Business Cycle?", *Economic Review*, Vol. 86, No. 3, 2001, pp. 43–64.

② Tagkalakis A., "The Effects of Fiscal Policy on Consumption in Recessions and Expansions", *Journal of Public Economics*, Vol. 92, No. 5–6, 2008, pp. 1486–1508.

③ Auerbach A. J., Yuriy G., "Measuring the Output Responses to Fiscal Policy", *American Economic Journal: Economic Policy*, Vol. 4, No. 2, 2012, pp. 1–27.

的关系。[1][2][3] 刘金全等[4]认为财政政策的非对称性的原因主要是均衡预算规则和预算软约束等。王立勇和李富强[5]认为我国相机抉择的财政政策的产出效应、通货膨胀效应存在非对称性。储德银和崔莉莉[6]采用非线性门限SVAR模型,分析了中国财政政策产出效应的非对称性。刘金全和解瑶姝[7]基于非对称ARCH模型分析了财政支出冲击对于实际产出波动性的影响是非对称的,他们认为由于差异个体在经济周期的不同阶段产生不一样的预期、资本市场上利率的挤出效应、现实经济中存在价格黏性和工资刚性、政府的约束四方面的原因,导致了财政政策的非对称效应。满向昱等[8]运用STVAR模型分析财政政策对经济增长的非对称效应。

第二节 地方财政投资支出与经济增长

一 我国地方财政支出的根源、类型及社会影响

(一) 我国地方财政支出的根源

我国地方财政支出的根源可以从这两个方面分析。第一,根据联邦财政制度的基本原理,中央政府与地方政府需要根据一定的原则合理划分事权和支出责任人,这些原则包括根据公共品的受益范围,地

---

[1] 刘金全、梁冰:《我国财政政策作用机制与经济周期波动的相依性检验》,《财贸经济杂志》2005年第10期。

[2] 郭庆旺、贾俊雪:《稳健财政政策的非凯恩斯效应及其可持续性》,《中国社会科学》2006年第5期。

[3] 卞志村、孙俊:《开放经济背景下中国货币财政政策的非对称效应》,《国际金融研究》2012年第8期。

[4] 刘金全等:《财政政策作用的阶段性和非对称性检验》,《财经科学》2003年第1期。

[5] 王立勇、李富强:《我国相机抉择财政政策效应非对称性的实证研究》,《数量经济技术经济研究》2009年第1期。

[6] 储德银、崔莉莉:《中国财政政策产出效应的非对称性研究》,《财贸经济》2014年第12期。

[7] 刘金全、解瑶姝:《我国财政政策的非对称效应》,《当代经济研究》2015年第5期。

[8] 满向昱等:《我国财政政策对经济增长的非对称性效应研究》,《财政研究》2015年第4期。

方受益的公共品和地方性公共品，其事权和支出责任由地方政府承担，地方政府拥有信息优势，能够有效提供公共服务的支出责任由地方政府负责。第二，我国地方政府的财政支出还与我国政治体制有关，地方政府受托于中央政府代理中央对地方进行治理，因此，中央政府显性和隐性的政绩考核也会影响地方政府的财政支出规模和支出方向，在以经济发展为主要目标的条件下，地方政府事实上还具有为自己加码的经济建设支出的动机。

建议明确中央与地方政府事权和支出责任划分的依据，哪些事权和支出责任属于地方政府要明确定性。中央政府也提供经济建设型支出，如跨区域的基础设施的提供、重大区域经济结构协调和产业结构协调等。

我国地方财政支出的根源主要是地方政府的职能。地方政府职能主要指地方政府在国家和地方事务中所起的作用或承担的职责，地方政府的职能就是维护地方公共安全与秩序、促进地方社会经济发展的职责与功能，地方政府主要提供与地方经济发展相关的基础设施、义务教育等服务和对应的支出责任。

地方财政支出指地方政府在一个预算年度内为履行其职能所支出的资金总量。地方政府安排财政资金的目的是满足其履行职能的需要，是为地方政府履行职能提供财力保障。地方政府职能的范围决定地方财政支出的范围，如果地方政府职能的范围发生变化，地方财政支出的范围也要相应发生变化。按照政府的职能分类，地方财政支出可以分为经济建设支出、社会文教支出、行政管理支出和其他支出四大类。地方财政支出属于经济性支出，地方政府的经济职能是指地方政府在组织、领导、协调社会经济运行和经济发展过程中进行各种经济性和某些非经济性活动时所履行的职责及发挥的功能，主要包括资源配置、收入再分配和经济稳定与增长等。

从公共部门经济学的分类来看，政府属于公共部门，有资源配置、收入分配、宏观调控三大主要职能。我国的地方政府主要有三大经济职能：宏观调控职能、提供公共产品和服务职能、市场监管职能。中国政府是地方发展型政府，促进工业化和城市化，这需要发展房地产，于是地方财政投资支出促进了房地产的发展。

（二）我国地方财政支出的类型

地方财政支出是指按照现行中央政府与地方政府事权的划分，经地方人大批准，用于保障地方经济社会发展的各项财政支出。我国地方财政支出的类型主要存在两种分类方法，分别是按政府收支科目分类和按经济性质分类，其中，按政府收支科目分类又可分为支出功能分类[①]和支出经济分类[②]，按地方财政支出的经济性质分类，可分为购买性支出和转移性支出，其中购买性支出由社会消费性支出和财政投资支出组成。

财政投资性支出，也称为财政投资或公共投资，与社会消费性支出同属购买性支出。是以政府为主体，将其从社会产品或国民收入中筹集起来的财政资金用于国民经济各部门的一种集中性、政策性投资。它是财政支出中的重要部分。我国的财政投资支出通常划分为两大类：一是生产性投资支出（政府投资支出）；二是非生产性投资支出（政府消费支出）。其中，生产性投资支出主要包括基本建设投资支出、增拨流动资金、挖潜改造资金、科技三项费、支援农业生产支出，非生产性投资支出包括国家党政机关、社会团体、文教、科学、卫生等部门的办公用房和住宅建设。

财政投资支出按管理渠道可以分为四种类型：基本建设、更新改造、房地产开发和其他投资。本书主要从地方财政投资支出着手，探讨地方财政投资支出对房地产的影响。

（三）我国地方财政支出的社会影响

我国地方财政支出对社会的影响是综合性的，地方财政支出会带动地方政府增加税收、提高国内生产总值（GDP），对经济发展带来影响，下面主要从经济和社会两方面分析地方财政支出的影响。

---

① 分为24类：具体包括一般公共服务、外交、国防、公共安全、教育、科学技术、文化体育与传媒、社会保障和就业、医疗卫生与计划生育、节能环保、城乡社区、农林水、交通运输、资源勘探信息、商业服务业、金融、援助其他地区、国土海洋气象等、住房保障、粮油物资储备、预备费、国债还本付息、其他支出、转移性支出。

② 分为12类：具体包括工资福利支出、商品和服务支出、对个人和家庭的补助、对企事业单位的补贴、转移性支出、赠与、债务利息支出、债务还本支出、基本建设支出、其他资本性支出、贷款转贷及产权参股、其他支出。

1. 我国地方财政支出的经济影响

我国地方财政支出会对我国的经济增长产生影响，促使人们的物质生活水平和收入水平得到提高。但是对于我国地方财政支出对经济增长是正向的促进作用还是负向的阻碍作用，国内学者尚存在较大分歧，并没有得到一致性的结论。郭庆旺等[1]认为财政支出总水平与经济增长负相关，财政生产性支出与经济增长正相关。张卫国等[2]认为地方政府投资行为对经济长期增长有着显著的促进作用。但是，庄子银和邹薇[3]则认为由于公共支出的调整成本上升，导致公共支出经济增长带来负效应。

2. 我国地方财政支出的社会影响

我国地方财政支出也会对我国人民的社会生活产生影响，人们的生活质量普遍得到改善，例如，人们的生命普遍比较长寿，人们的受教育水平也会得到大幅度提高等。姚明霞[4]将能够综合反映经济和社会发展状况的指标——人类发展指数（Human Development Index，HDI）引入，更为全面地探讨地方政府财政支出对我国经济和社会发展的综合影响。

二 地方财政投资支出的概念

地方财政投资支出，也称为地方财政投资或地方公共投资，是以地方政府为主体，为促进地方经济各部门的协调发展，实现地方的经济社会发展战略，利用地方财政支出对特定部门进行的一种集中性、政策性的投资活动，是地方财政支出中重要的一部分。狭义的地方财政投资支出，主要是指地方政府对地方的产业投资项目进行的各类资本性支出，对形成社会资本存量具有重要作用。广义的地方财政投资支出，主要是指地方政府不仅对产业投资项目进行支出，另外，对地方的社会公益领域、公共服务领域、农业生产领域和基础产业领域等

---

[1] 郭庆旺等：《财政支出结构与经济增长》，《经济理论与经济管理》2003年第11期。

[2] 张卫国等：《地方政府投资行为对经济长期增长的影响——来自中国经济转型的证据》，《中国工业经济》2010年第8期。

[3] 庄子银、邹薇：《公共支出能否促进经济增长：中国的经验分析》，《管理世界》2003年第7期。

[4] 姚明霞：《中国政府财政支出对经济社会发展的影响》，《经济理论与经济管理》2008年第12期。

方面的各类资本性支出。

三 地方财政投资支出与经济增长

（一）基于AD-AS模型的分析

实际经济运行中，加大地方财政投资支出，会促使总供给曲线和总需求曲线同时向右移动，势必对经济增长产生积极影响。地方财政投资支出对经济增长的促进作用如图3-1所示。

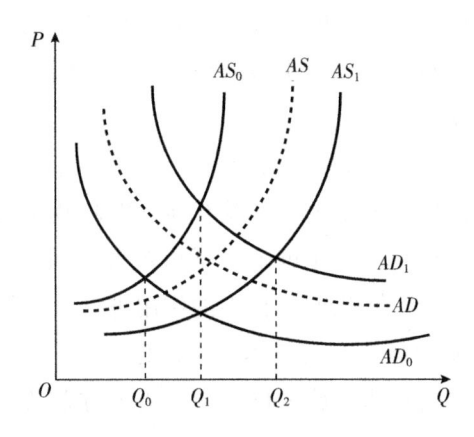

图3-1 基于AD-AS曲线的地方财政投资支出与经济增长

由图3-1可以看出，地方财政投资支出对经济增长的促进作用，可以分别对供给曲线和需求曲线的移动进行观察。如果增加地方财政投资支出，对地方的供给能力产生正向影响，供给曲线 AS_0 向右移动至供给曲线 AS_1。如果增加地方财政投资支出，在忽略地方财政投资支出对供给能力的作用时，必将增加地方的社会需求总量，需求曲线 AD_0 也向右移动至新的需求曲线 AD_1。起初的经济均衡点为 AS_0 和 AD_0 的交点 Q_0，地方财政投资支出增加后，新的均衡点为 AS_1 和 AD_1 的交点 Q_2，地方财政投资支出政策使产出水平提高了（Q_2-Q_0）。由此可知，地方财政投资乘数效应的大小，由地方财政投资支出对总供给曲线（AS）的影响力度和总需求曲线（AD）的影响力度共同决定。

同时，由图3-1可以发现，供给曲线 AS_0 向供给曲线 AS_1 移动的过程中，不是平行移动的过程，移动的时间跨度不具有一致性。因为地方财政投资支出对总供给曲线（AD）的影响并不是一蹴而就的，要受到技术进步、资本积累（包括物质资本和人力资本）等因素制约。图 3-1 中以虚线表示的总供给曲线簇 AS 可以理解为总供给曲线的渐进移动过程，因此，总供给曲线由 AS_0 向 AS_1 移动的过程要经历一段时期，是缓慢的移动过程。

因此，地方财政投资支出对总需求的影响比较直接，对总供给的影响则明显滞后。如果地方财政投资支出在总供给曲线（AS）的相对垂直部分进行财政投资支出时，地方财政投资支出的初始效应将十分不明显，地方财政投资支出的乘数效应，最终将随着总供给曲线的右移而逐渐显现出来。

（二）基于新经济增长理论的分析

在传统的经济增长模型中，并没有涉及财政政策对经济增长的作用。新经济增长理论从不同角度解释了市场失灵和政府干预问题，对地方财政投资支出在经济长期增长中的作用进行了较为深入的探讨。

1. 探讨地方财政投资支出资本存量对经济增长的作用

德国经济学家阿尔弗雷德·格雷纳认为地方财政投资支出资本存量相比地方财政投资支出流量更重要，地方财政投资支出对于私人资本边际生产率的正效应是由地方财政投资支出资本存量而产生的。阿尔弗雷德·格雷纳建立对应的柯布—道格拉斯生产函数如下：

$$Y_i = AK_i^{\alpha} G_i^{1-\alpha} \tag{3.1}$$

式（3.1）中，K_i 表示（私人）资本，G_i 表示地方财政投资支出资本存量。式（3.1）表明，地方财政投资支出和私人资本之间是一种互补关系，地方财政投资支出必须通过其所形成的地方财政投资支出资本存量发挥乘数效应。

2. 分析地方财政投资支出流量对经济增长的作用

巴罗（Barro，1990）用柯布—道格拉斯生产函数式（3.2）分析地方财政投资支出流量对私人资本的影响。

$$Y_j = AK_j^{\alpha} L_j^{1-\alpha} G^{1-\alpha} \tag{3.2}$$

式（3.2）中，Y_j 表示企业 j 的产出，K_j 为企业 j 的资本投入，L_j 表示企业 j 的劳动投入，G 为地方财政投资支出。因为政府购买 G、资本 K_j 具有生产规模报酬不变的性质，经济内生增长才会成为可能。

式（3.2）表明，地方财政投资支出对提高资本和劳动力的边际生产率具有积极作用。

第三节　地方财政投资支出对房地产影响的机理分析

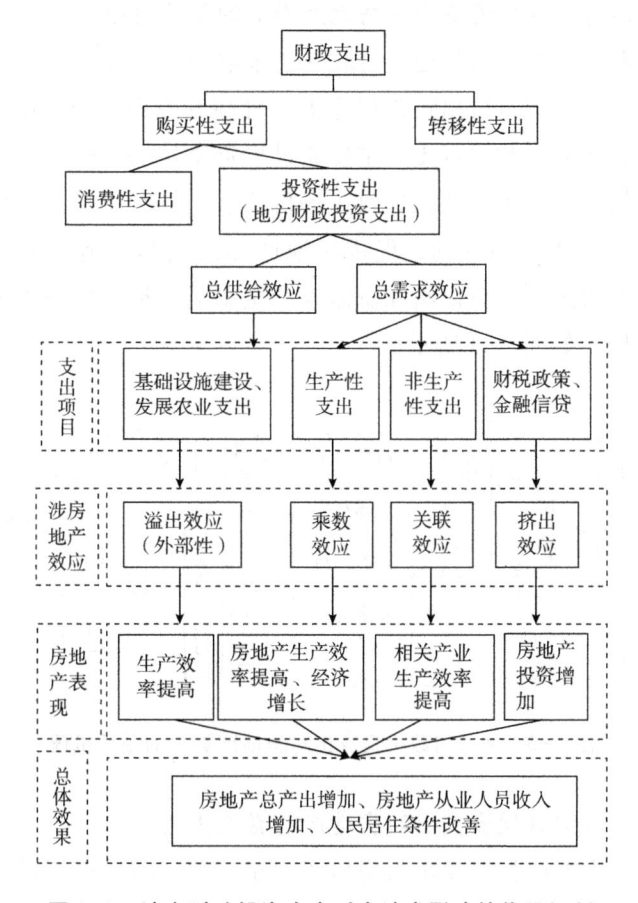

一　地方财政投资支出对房地产影响的传导机制

如图3-2所示，地方财政投资支出是地方财政将资金投入实体经济中，转化成生息的实物资产的过程。地方财政投资支出的总供给效

图 3-2　地方财政投资支出对房地产影响的传导机制

应由基础设施建设、发展农业支出构成，总需求效应包含生产性支出、非生产性支出、财税和金融信贷政策等需求。根据有关学者的已有研究，参考经济关联性相关理论，地方财政投资支出对房地产的影响不同，主要表现为溢出效应（外部性）、乘数效应、关联效应和挤出效应等方面，其中，地方财政投资支出对房地产的溢出效应（外部性）和乘数效应有助于房地产生产效率提高，地方财政投资支出对房地产的关联效应对于相关产业生产效率提高有帮助作用，地方财政投资支出的挤出效应促进房地产投资增加。地方财政投资支出对房地产的总体影响是积极的，不仅有助于房地产总产出增加，而且可以增加房地产从业人员收入，同时也可以促使人民的居住条件有所改善。

二 地方财政投资支出对房地产影响的循环机理

地方财政投资支出是地方财政通过采取投资手段影响地域经济的一种经济手段，通过价格机制促进市场机制发挥应有的作用。对于房地产来说，地方财政投资支出主要通过投资结构的变化影响地域经济中的总供给和总需求，从而导致市场价格、市场利率、技术创新以及要素配置产生相应的变动，促进房地产部门及非房地产部门结构优化，进而对房地产的总供给和总需求产生影响，最终实现地方财政增加收入目标，如图3-3所示。

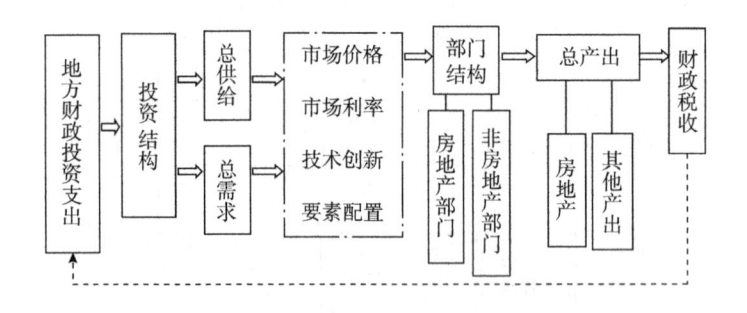

图3-3 地方财政投资支出对房地产影响的循环机理

三 地方财政投资支出对房地产的影响机制

根据地方财政投资支出与房地产的相关性，财政投资可分为房地产投资和非房地产投资两种类型。其中，房地产投资包括房地产建造过程中的固定资本和流动资本。非房地产投资包括基础设施投资、与房地产相关和不大相关的产业投资。

从图3-4可以看出，地方财政投资支出主要受房地产的政策、产业和社会因素影响。地方财政投资支出不仅对地方房地产的供给具有直接的促进作用，而且从交易费用、劳动力迁徙和制度变迁等方面对房地产产生间接影响。如何提高地方财政投资支出资金使用效率？是亟待解决的问题。

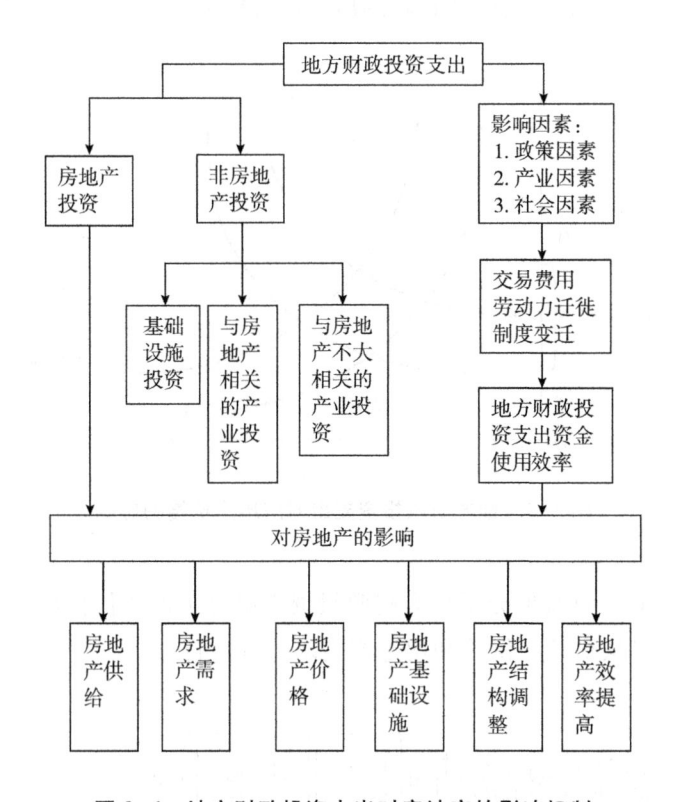

图3-4 地方财政投资支出对房地产的影响机制

地方财政投资支出对房地产带来的影响是方方面面的。对房地产价格带来的影响深受社会关心房地产走势群体的关注，中国的房地产价格数十年整体呈上涨趋势，导致房地产价格上升的原因方方面面，地方财政投资支出带来的影响也是重要的因素。

如图 3-5 所示。用传统的供给（AS）、需求（AD）曲线分析地方财政投资支出对房地产价格的影响。地方政府增加财政投资支出，会最终促使地方房地产价格上升。随着地方财政投资支出提高，最初的房地产需求曲线 AD_0 向右移动到新的房地产需求曲线 AD_1，房地产的供给曲线则会向左移动，房地产供给下降，由最初的房地产供给曲线 AS_0 向左移动到新的供给曲线 AS_1，房地产市场的供求均衡点会上升，由最初的均衡点 E_0 向上移动到新的均衡点 E_1，房地产价格则由最初的房地产价格 P_0 向上移动到新的房地产价格 P_1。

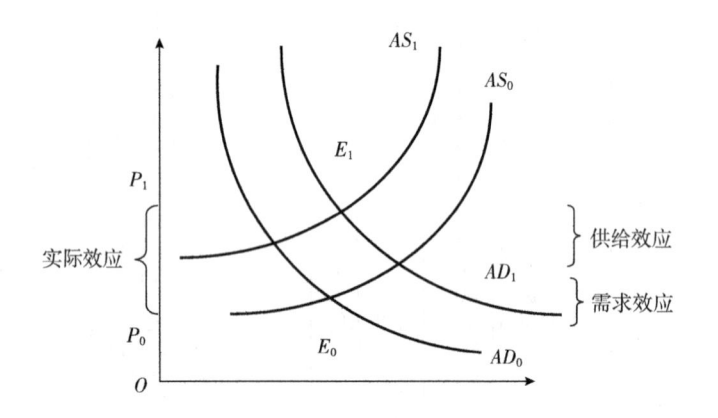

图 3-5 地方财政投资支出对房地产价格的影响

图 3-6 更直观地分析地方财政投资支出对房地产价格所带来的正效应，可以从房地产供给和房地产需求分别进行分析。

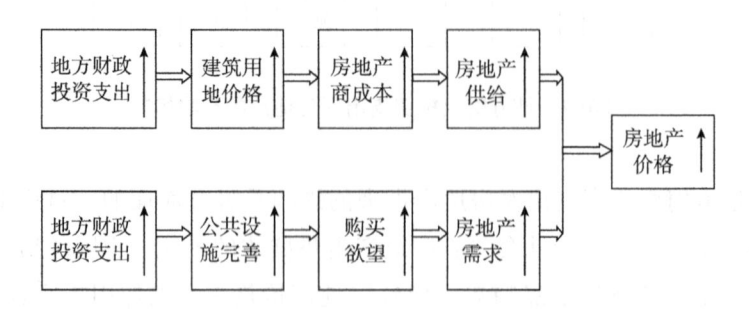

图 3-6 地方财政投资支出对房地产的影响

第一，分析地方财政投资支出对房地产供给带来的影响。地方财政投资支出一般投向城市基础设施，如道路、城市环境的改善，都会提升城市的人口聚居水平，房地产开发商在房地产高额利润的驱使下，无疑会对政府通过增加财政投资支出改善基础设施的这些土地比较热衷，进一步激发房地产开发商的囤地欲望，无疑会使地方的土地市场比较紧俏，在国家严格控制建筑用地指标、保护耕地的政策条件下，房地产所承担的建筑用地成本势必会急速增加，高涨的地价所引致的高成本，必然通过高涨的房地产价格进一步体现，方能使房地产开发商继续获得高额房地产投资利润。

第二，分析地方财政投资支出对房地产需求带来的影响。地方财政投资支出加大带来的直接影响是城市基础设施的完善，随着经济发展和社会进步，城市往往拥有更好、更多的教育机会，城市居民的收入水平也整体高于乡镇居民的收入水平，农村走出来的外来务工人员越来越多地被城市所吸纳，这些外来务工人员对住房的承租以及购买需求，必将大幅度提升。同时，国内许多城市都实施了"新政"，鼓励人才直接在其所在的城市落户，南京市2018年3月1日发布的"人才新政"，鼓励研究生和40岁以下具有本科学历的人员直接落户，这类城市所吸纳的人才必将刺激对当地住房的购房需求。

由图3-6中地方财政投资支出对房地产的影响可以看出，地方财政投资支出对房地产供给带来的影响是负向的，地方财政投资支出的增加会导致房地产供给下降。地方财政投资支出对房地产需求带来的影响是正向的，地方财政投资支出的增加会刺激房地产的需求相应增加。将房地产的需求效应和房地产的供给效应结合在一起，最终必然导致房地产价格上涨，这一机制不仅理论上说得通，而且在现实中的房地产市场中，也为各个城市房地产价格的疯狂上涨所验证。

地方财政投资支出对房地产的影响也可以从城市基础设施扩容和房地产开发项目配套的公共设施两方面进行分析。

第一，城市基础设施扩容。随着城镇化的持续深入，农村人口在城市购房的需求也越来越旺盛，为了满足人口对房地产开发的需求，地方政府在给房地产企业提供开发用地的时候，就需要考虑城市基础设施的扩容问题，比如城市供水、供电、公路、教育、公共卫生等基础设施的扩容，只有这些基础设施比较完备后，房地产的居住功能才会充分发挥。

第二，房地产开发项目配套的公共设施。房地产开发通常会带来一系列新的公共配套设施。通常情况下，房地产商只负责房地产开发领域内的"七通一平"①，房地产商开发领域以外的"七通一平"工作，就交给了地方政府负责，这些与房地产开发项目密切相关的地方财政投资支出，同样需要地方政府在房地产开发期间同时完成。

四 地方经济内在异质性对地方财政投资支出和房地产的影响机制

由于我国地域辽阔，地区之间的经济发展水平差异较大，地方经济体的内在异质性普遍存在，发达地区和不发达地区的地方财政投资支出行为存在较大差异，体现在地方财政投资的支出水平上，发达地区地方政府的财力一般比较雄厚，地方财政投资支出资金充盈，发达地区房地产市场的发展也十分繁荣，繁荣的房地产市场给当地的地方政府带来充足的财力保障，地方财政投资支出与房地产市场有良性效应，地方财政投资支出促进房地产发展的同时，房地产市场的税收收入也反哺地方政府的财力。

不发达地区地方政府的财力往往仅仅只能维持国家机关的运转，地方财政没有多余的建设资金用来给房地产市场进行投资支出，地方政府通过拍卖土地和举债的手段来筹措建设资金，为房地产市场进行财政性投资支出。但是，西部不发达地区的房地产销量不容乐观，在重庆、四川、贵州等地区的乡镇已经建起了高楼大厦的居民楼，乡镇政府通过出让土地获得财政收入。

地方政府财力必定是有限的，如果地方政府过于依赖房地产市场的发展，必然会对当地的其他非房地产部门带来冲击。产能过剩的痼疾远远没有消除，2018年年底许多地方的房地产市场的热度也在趋减，土地流拍的现象也不再罕见，居民对购房投资的热情有所收敛，

---

① 主要包括通给水、通排水、通电、通信、通路、通燃气、通热力以及场地平整。

经济的不景气给地方政府带来的财力压力是巨大的，因此，落后地区地方政府的财政投资支出对房地产的倾斜政策应慎之又慎。

五　地方财政投资支出结构对房地产和非房地产部门效应的非对称性

地方财政投资支出结构主要包括外部效应较大的公用设施、能源、交通、农业以及治理大江大河和治理污染等有关国计民生的产业和领域。笔者主要讨论地方财政投资支出对房地产的影响，地方政府对房地产的地方财政投资支出大多偏向于基础设施投资，首先，会对城市基础设施如供水、供电、公路、教育、公共卫生等增加投资。其次，地方政府会对房地产开发项目配套的公共设施增加投资，对于房地产商开发领域以外的通给水、通排水、通电、通信、通路、通燃气、通热力以及场地平整的"七通一平"工作会给予财政投资支出支持。

六　地方财政投资支出热衷于投资房地产的原因

（一）考虑财政分权

发展经济必须有充足的财力作为支撑，1994年的分税制改革，造成中央政府和地方政府的财权、事权不匹配，地方政府财权上移，地方政府所承担的事权却有增无减，地方政府投资缺乏充足的财力作为支撑。

（二）考虑工业化和城市化

在工业化、城市化的大背景下，中国正在城市化道路上前进。中国政府是一个发展型政府，同时房地产是发展新阶段国民经济的主要支柱产业，因此地方政府倾向于大力发展房地产。

第四节　本章小结

阐述地方财政投资支出相关理论，主要包括凯恩斯政府干预理论、公共产品供给理论、财政支出增长趋势理论和财政支出非对称理论。分析我国地方财政支出的根源、类型及社会影响，界定地方财政投资支出概念。分别基于 AD-AS 模型和新经济增长理论，对地方财政投资支出与经济增长的关系进行分析。

分析地方财政投资支出对房地产影响的传导机制，可以从总供给效应和总需求效应进行分析，总供给效应体现为基础设施建设和发展农业支出，总需求效应表现为生产性支出、非生产性支出以及财税货币政策，总供给效应通过溢出效应（外部性）对房地产产生正效应，生产性支出具有乘数效应，非生产性支出具有关联效应，财税货币政策对房地产市场具有挤出效应，最终对房地产市场带来正向的影响，促进房地产市场发展。

对地方财政投资支出对房地产的循环机理和影响机制也进行了探讨。通过地方财政投资支出对房地产影响的 AD-AS 曲线分析，发现随着地方财政投资支出的加大，房地产供给存在减少的现象，房地产需求则会一致旺盛，房地产供给的减少和房地产需求的增加，共同决定了房地产价格的上涨趋势。

从城市基础设施扩容和房地产开发项目配套的公共设施两方面进一步探讨了地方财政投资支出对房地产的影响，分析了地方经济内在异质性对地方财政投资支出和房地产的影响机制，探讨了地方财政投资支出结构对房地产和非房地产部门效应的非对称性。分析地方财政投资支出热衷于投资房地产的原因。

第四章

地方财政投资支出与房地产的统计分析

第一节 地方财政投资支出的统计分析

通过对地方财政投资支出与经济增长的理论分析，可以发现，在中国以政府为主体的经济运行机制下，地方财政投资支出显得尤为重要。中华人民共和国成立后，地方财政投资支出绝对规模呈不断扩大趋势，地方财政投资支出逐年递增，地方财政投资支出属于生产性的地方财政支出，通常由基本建设支出、支农支出、挖潜改造资金和科技三项费用构成。[①] 下面对1954—2006年[②]中国地方财政投资支出的现状作简要分析，从数量上考察地方财政投资支出的规模和结构，分析地方财政投资支出的规模和结构与房地产之间的关系。

一 地方财政投资支出规模

表4-1描述了1954—2006年地方财政投资支出的绝对数额，罗列了基本建设支出、挖潜改造资金和科技三项费用、支农支出和地方财政投资支出的绝对数额以及地方财政投资支出增长率5组数据，可以横向比较地方财政投资支出与其他三项支出的数额大小。

[①] 徐梅：《地方公共投资研究》，博士学位论文，四川大学，2002年。
[②] 选取《新中国六十年统计资料汇编》中1954—2006年地方财政投资支出的相关数据。

根据表4-1可知，2006年的地方财政投资支出达8296.29亿元，是1954年90.08亿元的92.00倍，地方财政投资支出的年平均增长率为12.00%。从各项具体支出来看：①基本建设支出由1954年的84.28亿元增加到2006年的4390.38亿元，共增加了4306.10亿元，53年增长了52.09倍。②挖潜改造资金和科技三项费用由1954年的1.82亿元增加到2006年的1744.56亿元，共增加了1742.74亿元，53年增长了958.55倍。③支农支出由1954年的3.98亿元增加到2006年的2161.35亿元，共增加了2157.37亿元，53年增长了543.05倍。

表4-1　　　　　　　　地方财政投资支出的绝对数额

年份	基本建设支出（亿元）	挖潜改造资金和科技三项费用（亿元）	支农支出（亿元）	地方财政投资支出（亿元）	地方财政投资支出增长率（%）
1954	84.28	1.82	3.98	90.08	—
1955	88.53	3.09	5.82	97.44	0.08
1956	139.58	2.48	7.70	149.76	0.54
1957	123.71	2.29	7.99	133.99	-0.11
1958	229.38	0.83	9.34	239.55	0.79
1959	302.34	2.20	22.05	326.59	0.36
1960	354.45	2.55	33.73	390.73	0.20
1961	110.18	2.67	31.01	143.86	-0.63
1962	55.65	14.65	19.29	89.59	-0.38
1963	80.21	18.28	22.19	120.68	0.35
1964	123.83	20.86	20.92	165.61	0.37
1965	158.49	25.23	17.29	201.01	0.21
1966	191.04	27.54	19.11	237.69	0.18
1967	161.25	10.32	16.12	187.69	-0.21
1968	117.85	5.66	12.89	136.40	-0.27
1969	206.22	10.74	14.87	231.83	0.70
1970	298.36	14.78	15.91	329.05	0.42

续表

年份	基本建设支出（亿元）	挖潜改造资金和科技三项费用（亿元）	支农支出（亿元）	地方财政投资支出（亿元）	地方财政投资支出增长率（%）
1971	309.56	26.40	19.65	355.61	0.08
1972	309.09	25.46	25.10	359.65	0.01
1973	317.17	25.49	35.49	378.15	0.05
1974	312.83	27.20	38.23	378.26	0.00
1975	326.96	31.47	42.53	400.96	0.06
1976	311.25	34.34	46.01	391.60	−0.02
1977	300.88	39.45	50.68	391.01	0.00
1978	451.92	63.24	76.95	592.11	0.51
1979	443.68	71.29	89.97	604.94	0.02
1980	346.36	80.45	82.12	508.93	−0.16
1981	257.55	65.30	73.68	396.53	−0.22
1982	269.12	69.02	79.88	418.02	0.05
1983	344.98	78.71	86.66	510.35	0.22
1984	454.12	111.77	95.93	661.82	0.30
1985	554.56	103.42	101.04	759.02	0.15
1986	596.08	129.85	124.30	850.23	0.12
1987	521.64	124.93	134.16	780.73	−0.08
1988	494.76	151.01	158.74	804.51	0.03
1989	481.70	146.30	197.12	825.12	0.03
1990	547.39	153.91	221.76	923.06	0.12
1991	559.62	180.81	243.55	983.98	0.07
1992	555.90	223.62	269.04	1048.56	0.07
1993	591.93	421.38	323.42	1336.73	0.27
1994	639.72	415.13	399.70	1454.55	0.09
1995	789.22	494.45	430.22	1713.89	0.18
1996	907.44	523.02	510.07	1940.53	0.13
1997	1019.50	643.20	560.77	2223.47	0.15
1998	1387.74	641.18	626.02	2654.94	0.19

续表

年份	基本建设支出（亿元）	挖潜改造资金和科技三项费用（亿元）	支农支出（亿元）	地方财政投资支出（亿元）	地方财政投资支出增长率（%）
1999	2116.57	766.05	677.46	3560.08	0.34
2000	2094.89	865.24	766.89	3727.02	0.05
2001	2510.64	991.56	917.96	4420.16	0.19
2002	3142.98	968.38	1102.70	5214.06	0.18
2003	3429.30	1092.99	1134.86	5657.15	0.08
2004	3437.50	1243.94	1693.79	6375.23	0.13
2005	4041.34	1494.59	1792.40	7328.33	0.15
2006	4390.38	1744.56	2161.35	8296.29	0.13

注：因为2007年实施《政府收支分类科目》，财政支出项目按照支出功能分类科目重新设置，所以财政投资支出数据的时间节点只能取到2006年。

资料来源：《新中国六十年统计资料汇编》。

随着经济发展和社会进步，地方财政投资活动不断扩大。地方财政投资支出的绝对规模，1954—2006年呈现逐步扩大的趋势，如图4-1所示。

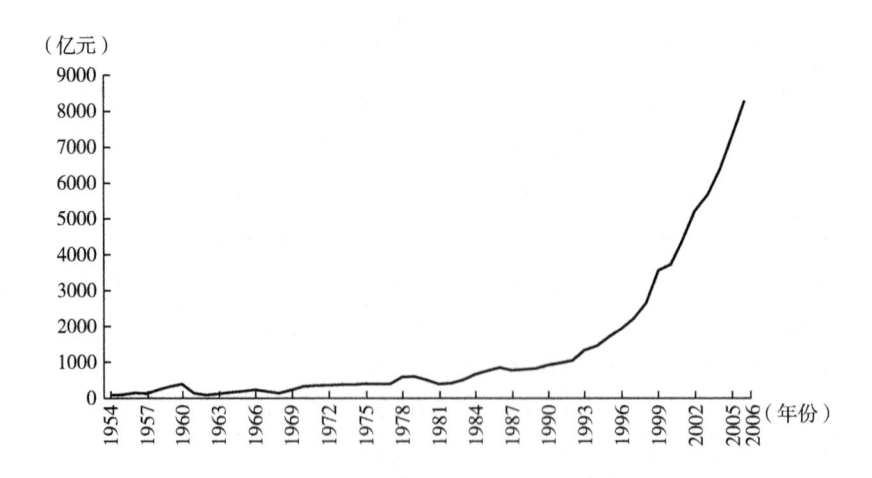

图4-1 地方财政投资支出规模的趋势

资料来源：《新中国六十年统计资料汇编》。

二 地方财政投资支出结构

在考察了地方财政投资支出规模后,分析地方财政投资支出结构。具体来讲,主要通过地方财政投资支出与地方财政支出的比值,或地方财政投资支出与地方固定资产投资的比值进行描述。

从地方财政投资支出与地方财政支出的比值可以看出,在1978年市场化改革以前,地方财政投资支出与地方财政支出二者基本保持同期增长。随着市场化改革的进一步深入,地方财政投资支出规模的绝对量不断扩大,地方财政投资支出的相对规模则出现下降趋势,表4-2对数据做了详细描述。

表4-2　　　　地方财政投资支出占地方财政支出的百分比

年份	地方财政投资支出(亿元)	地方财政支出(亿元)	地方财政投资支出/地方财政支出（%）
1954	90.08	60.41	1.49
1955	97.44	61.68	1.58
1956	149.76	88.50	1.69
1957	133.99	85.92	1.56
1958	239.55	223.14	1.07
1959	326.59	293.83	1.11
1960	390.73	365.05	1.07
1961	143.86	195.77	0.73
1962	89.59	113.24	0.79
1963	120.68	139.74	0.86
1964	165.61	168.93	0.98
1965	201.01	175.80	1.14
1966	237.69	198.54	1.20
1967	187.69	169.90	1.10
1968	136.40	138.35	0.99
1969	231.83	206.70	1.12
1970	329.05	267.04	1.23
1971	355.61	296.50	1.20
1972	359.65	334.46	1.08
1973	378.15	359.45	1.05
1974	378.26	392.41	0.96

续表

年份	地方财政投资支出（亿元）	地方财政支出（亿元）	地方财政投资支出/地方财政支出（%）
1975	400.96	411.48	0.97
1976	391.60	428.57	0.91
1977	391.01	449.83	0.87
1978	592.11	589.97	1.00
1979	604.94	626.71	0.97
1980	508.93	562.02	0.91
1981	396.53	512.76	0.77
1982	418.02	578.17	0.72
1983	510.35	649.92	0.79
1984	661.82	807.69	0.82
1985	759.02	1209.00	0.63
1986	850.23	1368.55	0.62
1987	780.73	1416.55	0.55
1988	804.51	1646.17	0.49
1989	825.12	1935.01	0.43
1990	923.06	2079.12	0.44
1991	983.98	2295.81	0.43
1992	1048.56	2571.76	0.41
1993	1336.73	3330.24	0.40
1994	1454.55	4038.19	0.36
1995	1713.89	4828.33	0.35
1996	1940.53	5786.28	0.34
1997	2223.47	6701.06	0.33
1998	2654.94	7672.58	0.35
1999	3560.08	9035.34	0.39
2000	3727.02	10366.65	0.36
2001	4420.16	13134.56	0.34
2002	5214.06	15281.45	0.34
2003	5657.15	17229.85	0.33
2004	6375.23	20592.81	0.31
2005	7328.33	25154.31	0.29
2006	8296.29	30431.33	0.27

资料来源：《新中国六十年统计资料汇编》《新中国五十年统计资料汇编》。

从表 4-2 可以看出，20 世纪 80 年代以来，地方财政投资支出占地方财政支出的百分比下降。1978 年以后，地方财政支出增长速度快于地方财政投资支出速度，地方财政投资支出与地方财政支出的比重则在不断下降，地方财政投资支出的相对重要性程度在中国经历过市场化改革后变得有所下降，1949—1978 年中国处于计划经济时期，地方财政支出中，地方财政投资支出的同期占比一直比较高，1985 年以前，地方财政投资支出占同期地方财政支出的百分比一直保持在 130.00% 左右，1956 年的地方财政投资支出占同期地方财政支出的百分比甚至高达 196.00%，1986 年以后地方财政投资支出占同期地方财政支出的百分比开始出现逐渐下降的趋势，直到 1997 年地方财政投资支出占同期地方财政支出的百分比下降到了最低点 62.00%。

图 4-2 更直观地可以看出地方财政投资支出/地方财政支出的比例呈现逐年下降的趋势。

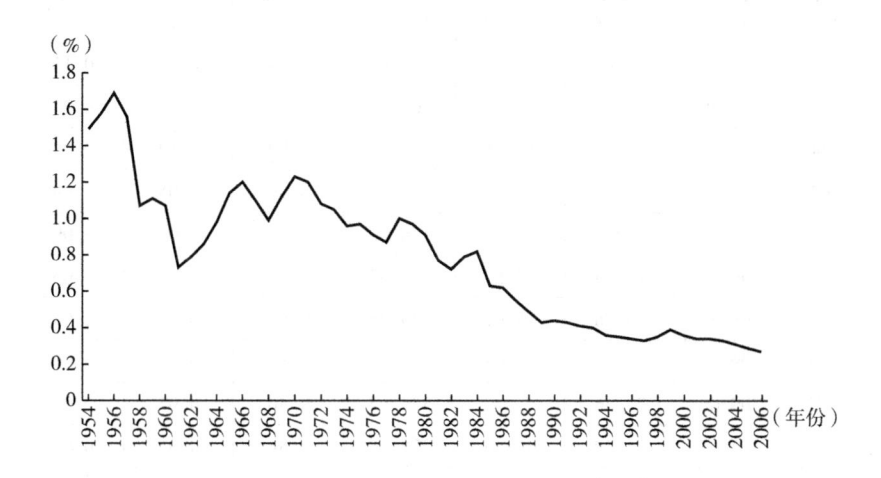

图 4-2　地方财政投资支出/地方财政支出的趋势
资料来源：《新中国六十年统计资料汇编》《新中国五十年统计资料汇编》。

1954—2006 年基本建设支出/地方财政投资支出、挖潜改造资金和科技三项费用/地方财政投资支出与支农支出/地方财政投资支出三组数据，如表 4-3 所示。

表4-3 地方财政投资支出各组成部分所占比重

年份	基本建设支出（亿元）	挖潜改造资金和科技三项费用（亿元）	支农支出（亿元）	地方财政投资支出（亿元）	基本建设支出/地方财政投资支出（%）	挖潜改造资金和科技三项费用/地方财政投资支出（%）	支农支出/地方财政投资支出（%）
1954	84.28	1.82	3.98	90.08	0.94	0.02	0.04
1955	88.53	3.09	5.82	97.44	0.91	0.03	0.06
1956	139.58	2.48	7.70	149.76	0.93	0.02	0.05
1957	123.71	2.29	7.99	133.99	0.92	0.02	0.06
1958	229.38	0.83	9.34	239.55	0.96	0.00	0.04
1959	302.34	2.20	22.05	326.59	0.93	0.01	0.07
1960	354.45	2.55	33.73	390.73	0.91	0.01	0.09
1961	110.18	2.67	31.01	143.86	0.77	0.02	0.22
1962	55.65	14.65	19.29	89.59	0.62	0.16	0.22
1963	80.21	18.28	22.19	120.68	0.66	0.15	0.18
1964	123.83	20.86	20.92	165.61	0.75	0.13	0.13
1965	158.49	25.23	17.29	201.01	0.79	0.13	0.09
1966	191.04	27.54	19.11	237.69	0.80	0.12	0.08
1967	161.25	10.32	16.12	187.69	0.86	0.05	0.09
1968	117.85	5.66	12.89	136.40	0.86	0.04	0.09
1969	206.22	10.74	14.87	231.83	0.89	0.05	0.06
1970	298.36	14.78	15.91	329.05	0.91	0.04	0.05
1971	309.56	26.40	19.65	355.61	0.87	0.07	0.06
1972	309.09	25.46	25.10	359.65	0.86	0.07	0.07
1973	317.17	25.49	35.49	378.15	0.84	0.07	0.09
1974	312.83	27.20	38.23	378.26	0.83	0.07	0.10
1975	326.96	31.47	42.53	400.96	0.82	0.08	0.11
1976	311.25	34.34	46.01	391.60	0.79	0.09	0.12
1977	300.88	39.45	50.68	391.01	0.77	0.10	0.13
1978	451.92	63.24	76.95	592.11	0.76	0.11	0.13
1979	443.68	71.29	89.97	604.94	0.73	0.12	0.15
1980	346.36	80.45	82.12	508.93	0.68	0.16	0.16

续表

年份	基本建设支出（亿元）	挖潜改造资金和科技三项费用（亿元）	支农支出（亿元）	地方财政投资支出（亿元）	基本建设支出/地方财政投资支出（%）	挖潜改造资金和科技三项费用/地方财政投资支出（%）	支农支出/地方财政投资支出（%）
1981	257.55	65.30	73.68	396.53	0.65	0.16	0.19
1982	269.12	69.02	79.88	418.02	0.64	0.17	0.19
1983	344.98	78.71	86.66	510.35	0.68	0.15	0.17
1984	454.12	111.77	95.93	661.82	0.69	0.17	0.14
1985	554.56	103.42	101.04	759.02	0.73	0.14	0.13
1986	596.08	129.85	124.30	850.23	0.70	0.15	0.15
1987	521.64	124.93	134.16	780.73	0.67	0.16	0.17
1988	494.76	151.01	158.74	804.51	0.61	0.19	0.20
1989	481.70	146.30	197.12	825.12	0.58	0.18	0.24
1990	547.39	153.91	221.76	923.06	0.59	0.17	0.24
1991	559.62	180.81	243.55	983.98	0.57	0.18	0.25
1992	555.90	223.62	269.04	1048.56	0.53	0.21	0.26
1993	591.93	421.38	323.42	1336.73	0.44	0.32	0.24
1994	639.72	415.13	399.70	1454.55	0.44	0.29	0.27
1995	789.22	494.45	430.22	1713.89	0.46	0.29	0.26
1996	907.44	523.02	510.07	1940.53	0.47	0.27	0.26
1997	1019.50	643.20	560.77	2223.47	0.46	0.29	0.25
1998	1387.74	641.18	626.02	2654.94	0.52	0.24	0.24
1999	2116.57	766.05	677.46	3560.08	0.59	0.22	0.19
2000	2094.89	865.24	766.89	3727.02	0.56	0.23	0.21
2001	2510.64	991.56	917.96	4420.16	0.57	0.22	0.21
2002	3142.98	968.38	1102.70	5214.06	0.60	0.19	0.21
2003	3429.30	1092.99	1134.86	5657.15	0.61	0.19	0.20
2004	3437.50	1243.94	1693.79	6375.23	0.54	0.20	0.27
2005	4041.34	1494.59	1792.40	7328.33	0.55	0.20	0.24
2006	4390.38	1744.56	2161.35	8296.29	0.53	0.21	0.26

资料来源：《新中国六十年统计资料汇编》《新中国五十年统计资料汇编》。

从图 4-3 可以看出，基本建设支出/地方财政投资支出的变化整体呈下降趋势，挖潜改造资金和科技三项费用/地方财政投资支出的变化，与支农支出/地方财政投资支出的变化基本一致，整体呈上升趋势。

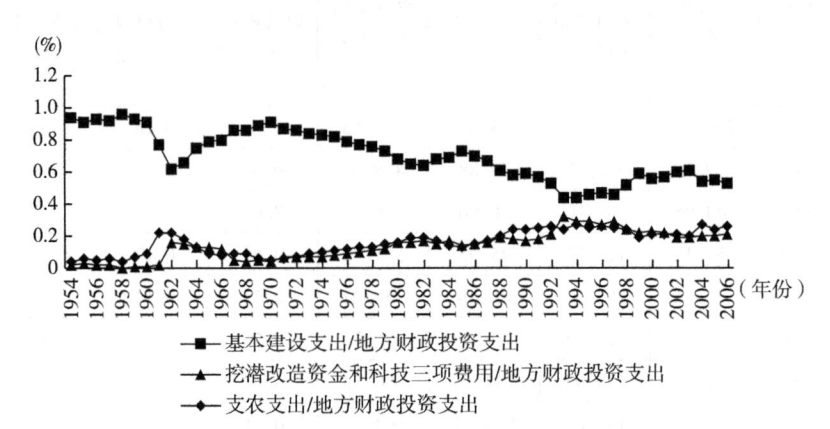

图 4-3 地方财政投资支出各组成部分所占比重的趋势

资料来源：《新中国六十年统计资料汇编》《新中国五十年统计资料汇编》。

1954—2006 年地方财政投资支出、地方财政支出与全国 GDP 三组数据，如表 4-4 所示。

表 4-4　　地方财政投资支出、地方财政支出与全国 GDP　　单位：亿元

年份	地方财政投资支出	地方财政支出	全国 GDP
1954	90.08	60.41	859.80
1955	97.44	61.68	911.60
1956	149.76	88.50	1030.70
1957	133.99	85.92	1071.40
1958	239.55	223.14	1312.30
1959	326.59	293.83	1447.50
1960	390.73	365.05	1470.10
1961	143.86	195.77	1232.30
1962	89.59	113.24	1162.20
1963	120.68	139.74	1248.30
1964	165.61	168.93	1469.90
1965	201.01	175.80	1734.00

续表

年份	地方财政投资支出	地方财政支出	全国GDP
1966	237.69	198.54	1888.70
1967	187.69	169.90	1794.20
1968	136.40	138.35	1744.10
1969	231.83	206.70	1962.20
1970	329.05	267.04	2279.70
1971	355.61	296.50	2456.90
1972	359.65	334.46	2552.40
1973	378.15	359.45	2756.20
1974	378.26	392.41	2827.70
1975	400.96	411.48	3039.50
1976	391.60	428.57	2988.60
1977	391.01	449.83	3250.00
1978	592.11	589.97	3678.70
1979	604.94	626.71	4100.50
1980	508.93	562.02	4587.60
1981	396.53	512.76	4935.80
1982	418.02	578.17	5373.40
1983	510.35	649.92	6020.90
1984	661.82	807.69	7278.50
1985	759.02	1209.00	9098.90
1986	850.23	1368.55	10376.20
1987	780.73	1416.55	12174.60
1988	804.51	1646.17	15180.40
1989	825.12	1935.01	17179.70
1990	923.06	2079.12	18872.90
1991	983.98	2295.81	22005.60
1992	1048.56	2571.76	27194.50
1993	1336.73	3330.24	35673.20
1994	1454.55	4038.19	48637.50
1995	1713.89	4828.33	61339.90
1996	1940.53	5786.28	71813.60
1997	2223.47	6701.06	79715.00
1998	2654.94	7672.58	85195.50

续表

年份	地方财政投资支出	地方财政支出	全国GDP
1999	3560.08	9035.34	90564.40
2000	3727.02	10366.65	100280.10
2001	4420.16	13134.56	110863.10
2002	5214.06	15281.45	121717.40
2003	5657.15	17229.85	137422.00
2004	6375.23	20592.81	161840.20
2005	7328.33	25154.31	187318.90
2006	8296.29	30431.33	219438.50

资料来源：《新中国六十年统计资料汇编》、《新中国五十年统计资料汇编》、国家统计局网站。

从图4-4可以看出，地方财政投资支出和地方财政支出的增长在1980年以前基本一致，1980年以后，地方财政支出的增长速度快于地方财政投资支出的增长速度，而全国GDP的增长速度则从20世纪70年代开始便快于地方财政投资支出和地方财政支出的增长速度，在80年代以后，全国GDP增长速度进一步提升。

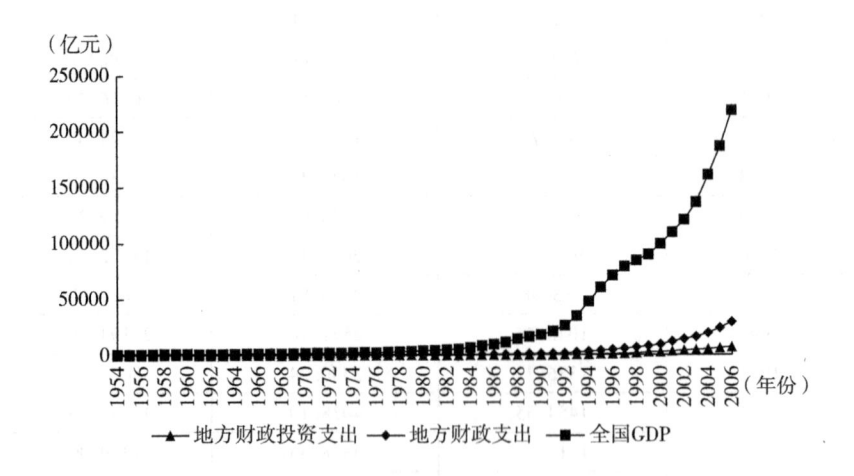

图4-4 地方财政投资支出、地方财政支出与全国GDP的趋势

资料来源：《新中国六十年统计资料汇编》、《新中国五十年统计资料汇编》、国家统计局网站。

1981—2016 年全社会固定资产投资实际到位资金情况，如表 4-5 所示。固定资产投资实际到位资金主要由四部分资金构成，分别是国家预算资金、国内贷款、利用外资以及自筹和其他资金。

表 4-5　　　　　　　全社会固定资产投资实际到位资金　　　　单位：亿元

年份	国家预算资金	国内贷款	利用外资	自筹和其他资金	合计
1981	269.80	122.00	36.40	532.90	961.10
1982	279.30	176.10	60.50	714.50	1230.40
1983	339.70	175.50	66.60	848.30	1430.10
1984	421.00	258.50	70.70	1082.70	1832.90
1985	407.80	510.30	91.50	1533.60	2543.20
1986	455.60	658.50	137.30	1869.20	3120.60
1987	496.60	872.00	182.00	2241.10	3791.70
1988	432.00	977.80	275.30	2968.70	4653.80
1989	366.10	763.00	291.10	2990.30	4410.50
1990	393.00	885.50	284.60	2954.40	4517.50
1991	380.40	1314.70	318.90	3580.40	5594.40
1992	347.50	2214.00	468.70	5050.00	8080.20
1993	483.70	3072.00	954.30	8562.40	13072.40
1994	529.60	3997.60	1769.00	11531.00	17827.20
1995	621.10	4198.70	2295.90	13409.20	20524.90
1996	625.90	4573.70	2746.60	15412.40	23358.60
1997	696.70	4782.60	2683.90	17096.50	25259.70
1998	1197.40	5542.90	2617.00	19359.60	28716.90
1999	1852.10	5725.90	2006.80	20169.70	29754.50
2000	2109.50	6727.30	1696.30	22577.40	33110.50
2001	2546.40	7239.80	1730.70	26470.00	37986.90
2002	3161.00	8859.10	2085.00	30941.90	45047.00
2003	2687.80	12044.40	2599.40	41284.80	58616.40
2004	3254.90	13788.00	3285.70	54236.30	74564.90
2005	4154.30	16319.00	3978.80	70138.70	94590.80
2006	4672.00	19590.50	4334.30	90360.20	118957.00
2007	5857.10	23044.20	5132.70	116769.70	150803.70
2008	7954.80	26443.70	5311.90	143204.90	182915.30

续表

年份	国家预算资金	国内贷款	利用外资	自筹和其他资金	合计
2009	12685.70	39302.80	4623.70	193617.40	250229.60
2010	13012.70	44020.80	4703.60	224042.00	285779.10
2011	14843.30	46344.50	5062.00	279734.40	345984.20
2012	18958.70	51593.50	4468.80	334654.70	409675.70
2013	22305.30	59442.00	4319.40	405545.80	491612.50
2014	26745.40	65221.00	4052.90	447461.20	543480.50
2015	30924.30	61054.00	2854.40	489366.00	584198.70
2016	36211.70	67200.30	2270.30	511251.20	616933.50

资料来源：《中国财政年鉴（2017）》。

从图4-5可以看出，国家预算资金和国内贷款的增长速度在2003年以前基本一致，2003年以后，国内贷款的增长速度快于国家预算资金的增长速度，利用外资的增长速度最不显著，而自筹和其他资金的增长速度则从1998年开始便快于国家预算资金、国内贷款和利用外资的增长速度，2003年以后，自筹和其他资金的增长速度远远高于国家预算资金、国内贷款和利用外资的增长速度。

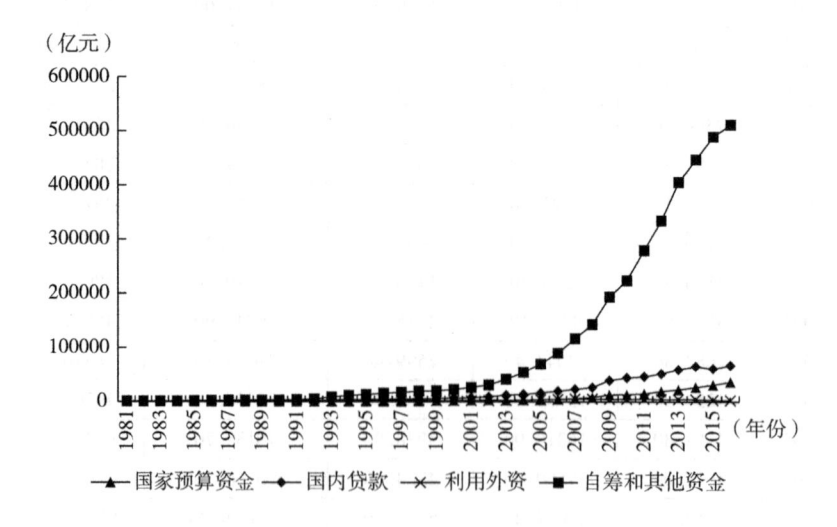

图4-5 全社会固定资产投资实际到位资金的趋势

资料来源：《中国财政年鉴（2017）》。

1981—2016年全社会固定资产投资实际到位资金比重及其变化情况，如表4-6和图4-6所示。固定资产投资实际到位资金主要由四部分资金构成，分别是国家预算资金、国内贷款、利用外资以及自筹和其他资金。

表4-6　　　　全社会固定资产投资实际到位资金比重　　　　单位:%

年份	国家预算资金	国内贷款	利用外资	自筹和其他资金
1981	0.28	0.13	0.04	0.55
1982	0.23	0.14	0.05	0.58
1983	0.24	0.12	0.05	0.59
1984	0.23	0.14	0.04	0.59
1985	0.16	0.20	0.04	0.60
1986	0.15	0.21	0.04	0.60
1987	0.13	0.23	0.05	0.59
1988	0.09	0.21	0.06	0.64
1989	0.08	0.17	0.07	0.68
1990	0.09	0.20	0.06	0.65
1991	0.07	0.24	0.06	0.64
1992	0.04	0.27	0.06	0.62
1993	0.04	0.23	0.07	0.65
1994	0.03	0.22	0.10	0.65
1995	0.03	0.20	0.11	0.65
1996	0.03	0.20	0.12	0.66
1997	0.03	0.19	0.11	0.68
1998	0.04	0.19	0.09	0.67
1999	0.06	0.19	0.07	0.68
2000	0.06	0.20	0.05	0.68
2001	0.07	0.19	0.05	0.70
2002	0.07	0.20	0.05	0.69
2003	0.05	0.21	0.04	0.70
2004	0.04	0.18	0.04	0.73
2005	0.04	0.17	0.04	0.74
2006	0.04	0.16	0.04	0.76
2007	0.04	0.15	0.03	0.77
2008	0.04	0.14	0.03	0.78
2009	0.05	0.16	0.02	0.77
2010	0.05	0.15	0.02	0.78

续表

年份	国家预算资金	国内贷款	利用外资	自筹和其他资金
2011	0.04	0.13	0.01	0.81
2012	0.05	0.13	0.01	0.82
2013	0.05	0.12	0.01	0.82
2014	0.05	0.12	0.01	0.82
2015	0.05	0.10	0.00	0.84
2016	0.06	0.11	0.00	0.83

资料来源：《中国财政年鉴（2017）》。

从图4-6可以看出，国家预算资金在全社会固定资产投资实际到位资金中的比重，1981—1997年整体呈现较为明显的下降趋势，1997—2002年呈现短暂的上升趋势，2003—2016年呈现不太显著的上升趋势。国内贷款在全社会固定资产投资实际到位资金中的比重，在1992年以前整体呈现上升趋势，1992年以后，国内贷款在全社会固定资产投资实际到位资金中的比重整体呈现下降趋势。利用外资在全社会固定资产投资实际到位资金中的比重，在1996年以前整体呈现上升趋势，1996年以后，利用外资在全社会固定资产投资实际到位资金中的比重整体呈现下降趋势。而自筹和其他资金在全社会固定资

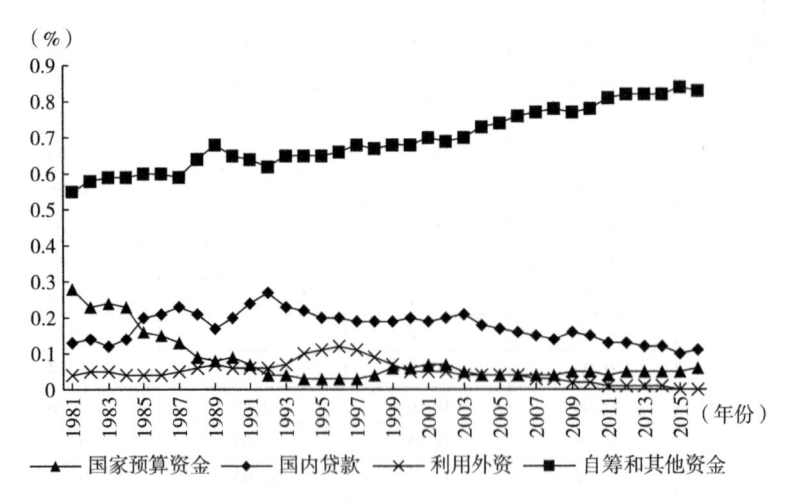

图4-6　全社会固定资产投资实际到位资金比重的趋势

资料来源：《中国财政年鉴（2017）》。

产投资实际到位资金中的比重，1981—1989 年呈现短暂的上升趋势，1989—1992 年呈现短暂的下降趋势，1992—2016 年呈现较为持久的上升趋势。

分析 1953—2016 年中央和地方财政支出及其比重变化情况，以及"一五"时期至"十二五"时期的中央和地方财政支出及其比重变化情况，如表 4-7 和图 4-7 所示。

表 4-7　　　　　　　　　中央和地方财政支出及比重

年份/时期	财政支出（亿元）			比重（%）	
	全国	中央	地方	中央	地方
1953	219.21	162.05	57.16	0.74	0.26
1954	244.11	183.70	60.41	0.75	0.25
1955	262.73	201.05	61.68	0.77	0.23
1956	298.52	210.02	88.50	0.70	0.30
1957	295.95	210.03	85.92	0.71	0.29
1958	400.36	177.22	223.14	0.44	0.56
1959	543.17	249.34	293.83	0.46	0.54
1960	643.68	278.63	365.05	0.43	0.57
1961	356.09	160.32	195.77	0.45	0.55
1962	294.88	181.64	113.24	0.62	0.38
1963	332.05	192.31	139.74	0.58	0.42
1964	393.79	224.86	168.93	0.57	0.43
1965	459.97	284.17	175.80	0.62	0.38
1966	537.65	339.11	198.54	0.63	0.37
1967	439.84	269.94	169.90	0.61	0.39
1968	357.84	219.49	138.35	0.61	0.39
1969	525.86	319.16	206.70	0.61	0.39
1970	649.41	382.37	267.04	0.59	0.41
1971	732.17	435.67	296.50	0.60	0.40
1972	765.86	431.40	334.46	0.56	0.44
1973	808.78	449.33	359.45	0.56	0.44
1974	790.25	397.84	392.41	0.50	0.50
1975	820.88	409.40	411.48	0.50	0.50

续表

年份/时期	财政支出（亿元）			比重（%）	
	全国	中央	地方	中央	地方
1976	806.20	377.63	428.57	0.47	0.53
1977	843.53	393.70	449.83	0.47	0.53
1978	1122.09	532.12	589.97	0.47	0.53
1979	1281.79	655.08	626.71	0.51	0.49
1980	1228.83	666.81	562.02	0.54	0.46
1981	1138.41	625.65	512.76	0.55	0.45
1982	1229.98	651.81	578.17	0.53	0.47
1983	1409.52	759.60	649.92	0.54	0.46
1984	1701.02	893.33	807.69	0.53	0.47
1985	2004.25	795.25	1209.00	0.40	0.60
1986	2204.91	836.36	1368.55	0.38	0.62
1987	2262.18	845.63	1416.55	0.37	0.63
1988	2491.21	845.04	1646.17	0.34	0.66
1989	2823.78	888.77	1935.01	0.31	0.69
1990	3083.59	1004.47	2079.12	0.33	0.67
1991	3386.62	1090.81	2295.81	0.32	0.68
1992	3742.20	1170.44	2571.76	0.31	0.69
1993	4642.30	1312.06	3330.24	0.28	0.72
1994	5792.62	1754.43	4038.19	0.30	0.70
1995	6823.72	1995.39	4828.33	0.29	0.71
1996	7937.55	2151.27	5786.28	0.27	0.73
1997	9233.56	2532.50	6701.06	0.27	0.73
1998	10798.18	3125.60	7672.58	0.29	0.71
1999	13187.67	4152.33	9035.34	0.31	0.69
2000	15886.50	5519.85	10366.65	0.35	0.65
2001	18902.58	5768.02	13134.56	0.31	0.69
2002	22053.15	6771.70	15281.45	0.31	0.69
2003	24649.95	7420.10	17229.85	0.30	0.70
2004	28486.89	7894.08	20592.81	0.28	0.72
2005	33930.28	8775.97	25154.31	0.26	0.74
2006	40422.73	9991.40	30431.33	0.25	0.75

续表

年份/时期	财政支出（亿元）			比重（%）	
	全国	中央	地方	中央	地方
2007	49781.35	11442.06	38339.29	0.23	0.77
2008	62592.66	13344.17	49248.49	0.21	0.79
2009	76299.93	15255.79	61044.14	0.20	0.80
2010	89874.16	15989.73	73884.43	0.18	0.82
2011	109247.79	16514.11	92733.68	0.15	0.85
2012	125952.97	18764.63	107188.34	0.15	0.85
2013	140212.10	20471.76	119740.34	0.15	0.85
2014	151785.56	22570.07	129215.49	0.15	0.85
2015	175877.77	25542.15	150335.62	0.15	0.85
2016	187755.21	27403.85	160351.36	0.15	0.85
"一五"时期	1320.52	966.85	353.67	0.73	0.27
"二五"时期	2238.18	1047.15	1191.03	0.47	0.53
1963—1965	1185.81	701.34	484.47	0.59	0.41
"三五"时期	2510.60	1530.07	980.53	0.61	0.39
"四五"时期	3917.94	2123.64	1794.30	0.54	0.46
"五五"时期	5282.44	2625.34	2657.10	0.50	0.50
"六五"时期	7483.18	3725.64	3757.54	0.50	0.50
"七五"时期	12865.67	4420.27	8445.40	0.34	0.66
"八五"时期	24387.46	7323.13	17064.33	0.30	0.70
"九五"时期	57043.46	17481.55	39561.91	0.31	0.69
"十五"时期	128022.85	36629.87	91392.98	0.29	0.71
"十一五"时期	318970.83	66023.15	252947.68	0.21	0.79
"十二五"时期	703076.19	103862.72	599213.47	0.15	0.85
"十三五"时期	1096282.23	160179.53	936102.70	0.15	0.85

资料来源：《中国财政年鉴（2021）》。

从图4-7可以看出，全国财政支出、中央财政支出和地方财政支出整体均呈现上升趋势，地方财政支出在1994年分税制改革前的增长速度，和中央财政支出在1994年分税制改革前的增长速度基本重叠。但是，地方财政支出在1994年分税制改革后的增长速度，远远高于中央财政支出在1994年分税制改革后的增长速度。这充分说明

1994年的分税制改革后，地方财政支出的刚性增长远在中央财政支出之上，地方政府事权不降反升。

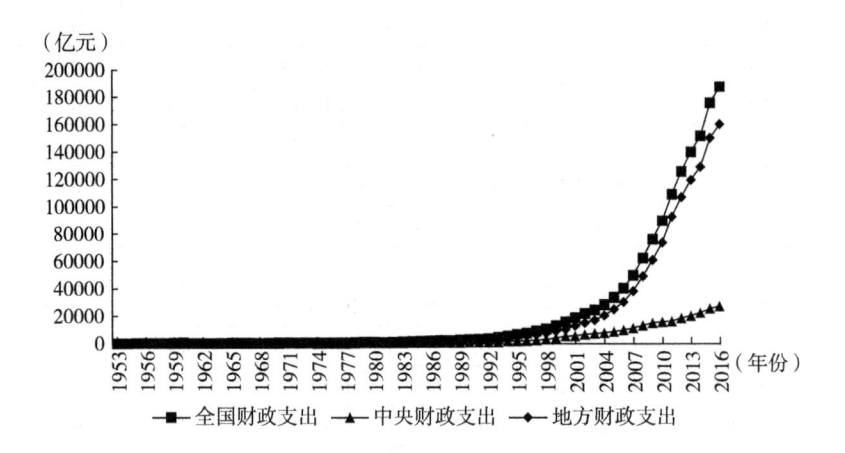

图4-7　中央和地方财政支出的趋势（1953—2016年）

资料来源：《中国财政年鉴（2021）》。

从图4-8可以看出，中央财政支出占全国财政支出的比重和地方财政支出占全国财政支出的比重，二者之间具有较为明显的"剪刀

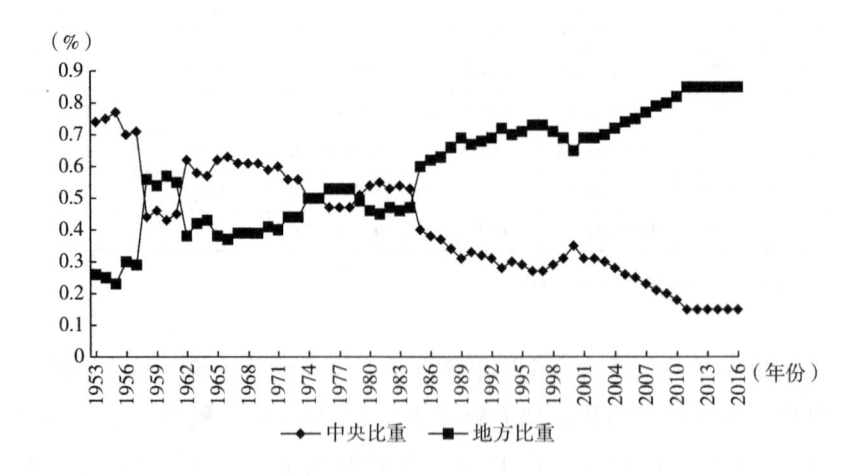

图4-8　中央和地方财政支出比重的趋势（1953—2016年）

资料来源：《中国财政年鉴（2021）》。

差"特征，以1984年为分界点，1953—1984年，中央财政支出占全国财政支出的比重整体高于地方财政支出占全国财政支出的比重，1984—2016年，中央财政支出占全国财政支出的比重整体低于地方财政支出占全国财政支出的比重。

从图4-9可以看出，在"一五"时期（1953—1957年）至"十二五"时期（2011—2015年），全国财政支出、中央财政支出和地方财政支出整体均呈现上升趋势，地方财政支出在"七五"时期（1986—1990年）之后的增长速度，远远高于中央财政支出在"七五"时期（1986—1990年）之后的增长速度[①]。

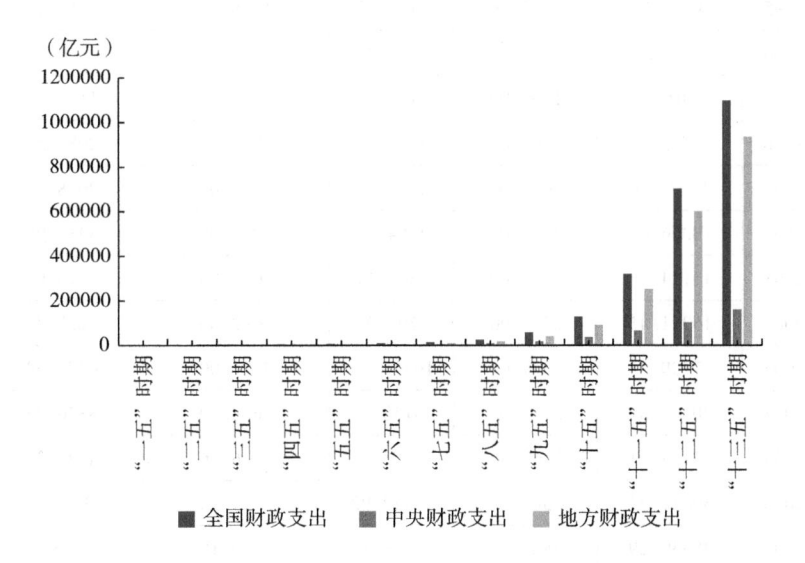

图4-9 中央和地方财政支出的趋势（"一五"时期至"十三五"时期）
资料来源：《中国财政年鉴（2021）》。

然而，我们通过查阅"中经网统计数据库"以及国家统计局的相关年度、季度和月度数据，发现"中经网统计数据库"以及国家统计

---

① "一五"时期指1953—1957年，"二五"时期指1958—1962年，"三五"时期指1966—1970年，"四五"时期指1970—1975年，"五五"时期指1978—1980年，"六五"时期指1981—1985年，"七五"时期指1986—1990年，"八五"时期指1991—1995年，"九五"时期指1996—2000年，"十五"时期指2001—2005年，"十一五"时期指2006—2010年，"十二五"时期指2011—2015年，"十三五"时期指2016—2021年。

局提供月度和季度的数据不是十分全面,因此只能以"中经网统计数据库"提供的1995—2016年的年度数据作为基础,进一步分析地方财政投资支出①、房地产价格、房地产投资、房地产价格(住宅)和房地产投资(住宅)数据五组数据之间的关系,如表4-8所示。

表4-8　　地方财政投资支出、房地产价格、房地产投资、
　　　　　 房地产价格(住宅)与房地产投资(住宅)

年份	地方财政投资支出(亿元)	房地产价格(元/平方米)	房地产投资(亿元)	房地产价格(住宅)(元/平方米)	房地产投资(住宅)(亿元)
1995	4828.33	1590.86	3149.02	1508.86	1753.10
1996	5786.28	1806.40	3216.40	1604.56	1699.17
1997	6701.06	1997.00	3178.37	1790.00	1539.38
1998	7672.58	2063.00	3614.23	1854.00	2081.56
1999	9035.34	2053.00	4103.20	1857.00	2638.48
2000	10366.65	2112.00	4984.05	1948.00	3311.98
2001	13134.56	2170.00	6344.11	2017.00	4216.68
2002	15281.45	2250.00	7790.92	2092.00	5227.76
2003	17229.85	2359.00	10153.80	2197.00	6776.69
2004	20592.81	2778.00	13158.25	2608.00	8836.95
2005	25154.31	3167.66	15909.25	2936.96	10860.93
2006	30431.33	3366.79	19422.92	3119.25	13638.41
2007	38339.29	3863.90	25288.84	3645.18	18005.42
2008	49248.49	3800.00	31203.19	3576.00	22440.87
2009	61044.14	4681.00	36241.81	4459.00	25613.69
2010	73884.43	5032.00	48259.40	4725.00	34026.23
2011	92733.68	5357.10	61796.89	4993.17	44319.50
2012	107188.34	5790.99	71803.79	5429.93	49374.21
2013	119740.34	6237.00	86013.38	5850.00	58950.76

① 由于地方财政投资支出数据的可得性,地方财政投资支出数据用一般公共预算支出数据替代。

续表

年份	地方财政投资支出（亿元）	房地产价格（元/平方米）	房地产投资（亿元）	房地产价格（住宅）（元/平方米）	房地产投资（住宅）（亿元）
2014	129215.49	6324.00	95035.61	5933.00	64352.15
2015	150335.62	6793.00	95978.85	6473.00	64595.24
2016	160351.36	7476.00	102580.61	7203.00	68703.87

资料来源：中经网统计数据库。

对表4-8的五组年度数据进行比较分析，可以看出1995—2016年，地方财政投资支出的平均值为52195.26亿元，1995年地方财政投资支出数值最小，为4828.33亿元，2016年地方财政投资支出数值最大，为160351.36亿元。1995—2016年，房地产价格的平均值为3775.85元/平方米，1995年房地产价格数值最小，为1590.86元/平方米，2016年房地产价格数值最大，为7476.00元/平方米。1995—2016年，房地产投资的平均值为34055.77亿元，1995年房地产投资数值最小，为3149.02亿元，2016年房地产投资数值最大，为102580.61亿元。1995—2016年，住宅的房地产价格的平均值为3537.27亿元，1995年住宅的房地产价格数值最小，为1508.86元/平方米，2016年住宅的房地产价格数值最大，为7203.00元/平方米。1995—2016年，住宅的房地产投资的平均值为23316.50亿元，1997年住宅的房地产投资数值最小，为1539.38亿元，2016年住宅的房地产投资数值最大，为68703.87亿元。总的来看，1995年的各类数据几乎都是最小值，只有1997年住宅的房地产投资数值比1995年住宅的房地产投资数值要小，2016年的各类数据则均是最大值。

从图4-10可以更直观地看出，1995—2016年地方财政投资支出、房地产价格、房地产投资、房地产价格（住宅）与房地产投资（住宅）均保持增长趋势。房地产价格和房地产价格（住宅）的增长趋势基本一致，保持稳中有升的缓慢增长趋势，2003年以后的房地产价格和房地产（住宅）的价格有了较大增长。地方财政投资支出、房地产投资和房地产投资（住宅）也在2003年以后出现了较大幅度的增长，其中，地方财政投资支出的增长速度最快，房地产投资的增长速度始终高于房地产投资（住宅）的增长速度。

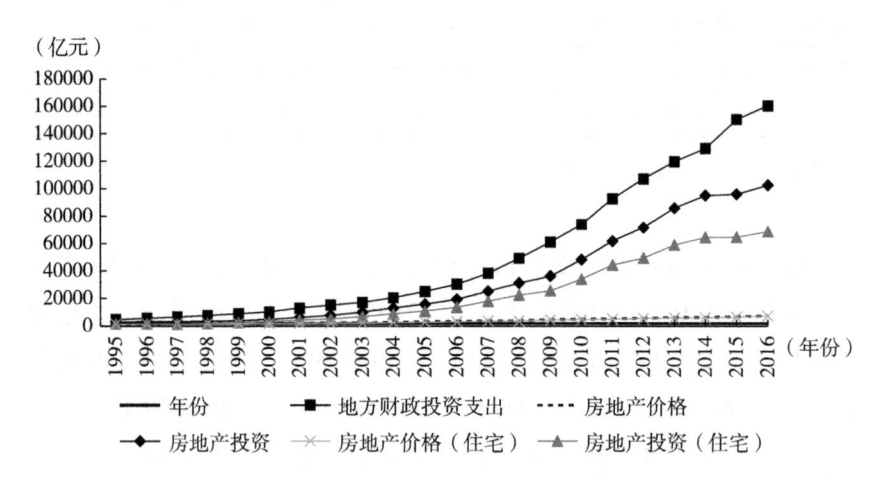

图 4-10　地方财政投资支出、房地产价格、房地产投资、
房地产价格（住宅）与房地产投资（住宅）的趋势

资料来源：中经网统计数据库。

第二节　房地产的统计分析

一　房地产的概念

房地产（Real Estate）作为一种实体，包括房产和地产。房产主要是建筑在土地上面的房屋，包括住宅和办公用房等。地产指土地表层及土地下面一定的空间，包括土地表面的道路和土地下面的各种基础设施等。房地产由于位置相对固定，具有某种程度的不可移动性（考虑到现代技术手段可以使整栋楼发生位移），因此，在经济学上房地产又常常被称为不动产。

房地产有不同的划分标准，按照房地产是否产生收益，可以划分为收益型和非收益型房地产。按照用途来划分，可以分为以下七类，如表 4-9 所示。

表 4-9　　　　　　　　　　　房地产类型

序号	房地产类型	内容
1	商业房地产	商铺、酒楼、游乐场、宾馆等
2	办公房地产	写字楼、政府办公楼等
3	居住房地产	普通住宅、公寓、别墅等
4	工业和仓储房地产	工业厂房、仓库等
5	农业房地产	农场、牧场、果园、观光农业基地等
6	特殊房地产	车站、寺庙等
7	综合房地产	具有多种用途的房地产

二　房地产周期

何国钊等[①]选择了商品房价格、城镇住宅竣工面积、城镇住宅投资、房产买卖成交面积等八项指标，认为中国的房地产周期波动时间大约是 4—5 年。

房地产周期类型大致可以分为三种：短周期、中长周期和长周期。短周期一般不超过 3 年零 4 个月，中长周期在 8 年到 10 年，而长周期在 50 年左右。中国的房地产周期以短周期最为常见，集中在 3—5 年的时间段，与国外房地产周期的长周期特征区别显著。

王蕾和周洋[②]通过观察 1999—2015 年中国房屋平均销售价格及住宅价格的走势，发现二者走势大体一致，除了在 2006 年中期至 2007 年中期二者的价格有共同的下降趋势外，其他年份都呈现连年上涨的态势。因此，中国的房地产市场在 21 世纪到来之际，还没有经历过一个完整的房地产长周期。但是也有部分学者对中国房地产不存在长周期持有异议，齐锡晶等[③]认为中国房地产市场的长周期为 10 年左右。

房地产周期波动的影响因素可以从外生因素、内生因素和随机因

---

① 何国钊等：《中国房地产周期研究》，《经济研究》1996 年第 12 期。
② 王蕾、周洋：《房地产长周期拐点尚需时日——兼评 2016 房地产新政》，《国际金融》2017 年第 2 期。
③ 齐锡晶等：《中国房地产市场周期波动分析》，《东北大学学报》（自然科学版）2010 年第 7 期。

素解释。外生因素包括政策因素和社会经济与技术因素。内生因素主要包括房地产供求、房地产投资、房地产价格预期和房地产收益率四种因素。随机因素包含自然灾害、社会突发因素和不可预知的因素等。房地产周期波动的影响因素由图4-11观察更为直接。

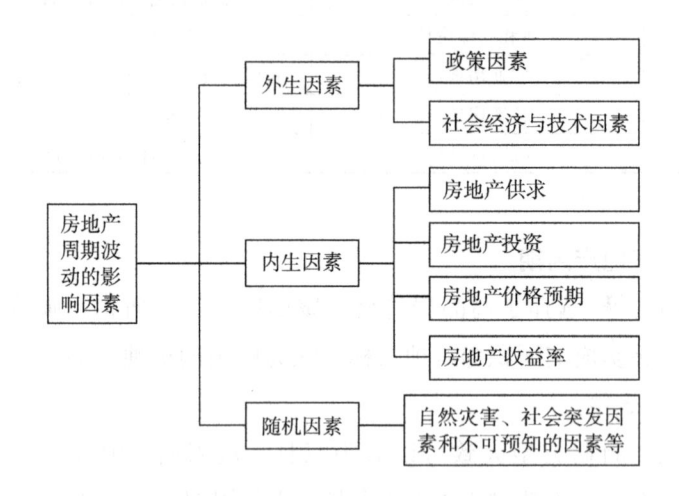

图4-11 房地产周期波动的影响因素

由表4-10可以发现，当宏观经济增长率低于4%时，房地产发展在1990年和2020年处于萎缩阶段。当宏观经济增长率在4%—5%时，房地产处于停滞时期，1989年发生了类似经济现象。当宏观经济增长率处于5%—8%时，对应年份为1979—1981年、1998—2001年和2012—2019年，房地产处于稳步发展时期。其他年份当宏观经济增长率大于8%时，房地产处于高速发展时期。

表4-10　　　　　　房地产周期与宏观经济的关系

房地产发展状况	宏观经济增长率	对应年份
萎缩	小于4%	1990、2020
停滞	4%—5%	1989
稳步发展	5%—8%	1979—1981、1998—2001、2012—2019
高速发展	大于8%	其他

根据美国经济学家西蒙·库兹涅茨的研究，房地产周期与宏观经济增长率关系比较紧密。1978年以来中国实施房地产改革的实践也表明，房地产与国民经济发展速度呈正相关态势。表4-11为1978—2021年历年GDP增速。新冠疫情暴发以来，中国的经济受到严重的负面影响，尤其是2020年受到的影响最大，2020年的GDP增速为2.20%，位居1978—2021年历年GDP增速最末位。

表4-11　　　　　　1978—2021年历年GDP增速　　　　　单位:%

年份	历年GDP增速	年份	历年GDP增速
1978	11.70	2000	8.00
1979	7.60	2001	7.50
1980	7.80	2002	8.30
1981	5.20	2003	10.00
1982	9.10	2004	10.10
1983	10.90	2005	10.40
1984	15.20	2006	11.60
1985	13.50	2007	11.90
1986	8.80	2008	9.60
1987	11.60	2009	9.20
1988	11.30	2010	10.40
1989	4.10	2011	9.20
1990	3.80	2012	7.80
1991	9.20	2013	7.70
1992	14.20	2014	7.40
1993	13.50	2015	6.90
1994	12.60	2016	6.70
1995	10.50	2017	6.90
1996	9.60	2018	6.70
1997	8.80	2019	6.00
1998	7.80	2020	2.20
1999	7.10	2021	8.10

资料来源：国家统计局网站。

图4-12更为直观地描绘了1978—2021年历年GDP增速的变动趋势。

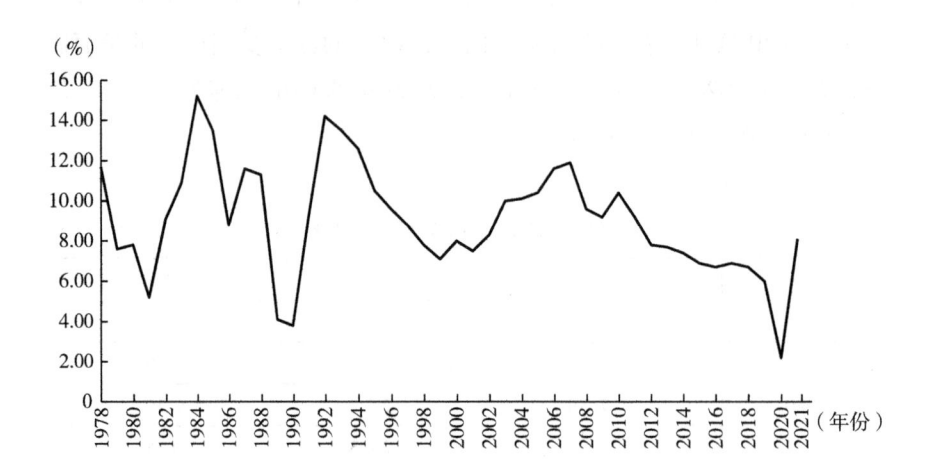

图4-12 1978-2021年历年GDP增速

资料来源：国家统计局网站。

三 房地产相关指标

分别从百城住宅价格指数，一线、二线、三线城市住宅平均价格，一线城市二手住宅价格指数和房地产行业投资指数四类指标分别进行分析。

对百城住宅价格指数进行研究，如表4-12所示。

表4-12　　　　　　　　百城住宅价格指数　　　　　　　单位：%

时间	上涨数	下跌数	持平数	指数环比
2016年5月	74.00	24.00	2.00	1.70
2016年6月	73.00	22.00	5.00	1.32
2016年7月	66.00	30.00	4.00	1.63
2016年8月	68.00	29.00	3.00	2.17
2016年9月	81.00	18.00	1.00	2.83
2016年10月	79.00	21.00	0.00	1.65
2016年11月	75.00	19.00	6.00	0.88

续表

时间	上涨数	下跌数	持平数	指数环比
2016年12月	74.00	21.00	5.00	0.75
2017年1月	63.00	27.00	10.00	0.54
2017年2月	73.00	22.00	5.00	0.51
2017年3月	88.00	11.00	1.00	0.97
2017年4月	85.00	14.00	1.00	0.79
2017年5月	93.00	5.00	2.00	0.69
2017年6月	87.00	12.00	1.00	0.62
2017年7月	90.00	8.00	2.00	0.59
2017年8月	88.00	10.00	2.00	0.57
2017年9月	90.00	8.00	2.00	0.47
2017年10月	88.00	11.00	1.00	0.41
2017年11月	92.00	8.00	0.00	0.39
2017年12月	93.00	5.00	2.00	0.38

资料来源：Wind数据库。

图4-13更为直观地描绘了百城住宅价格指数的变动趋势。

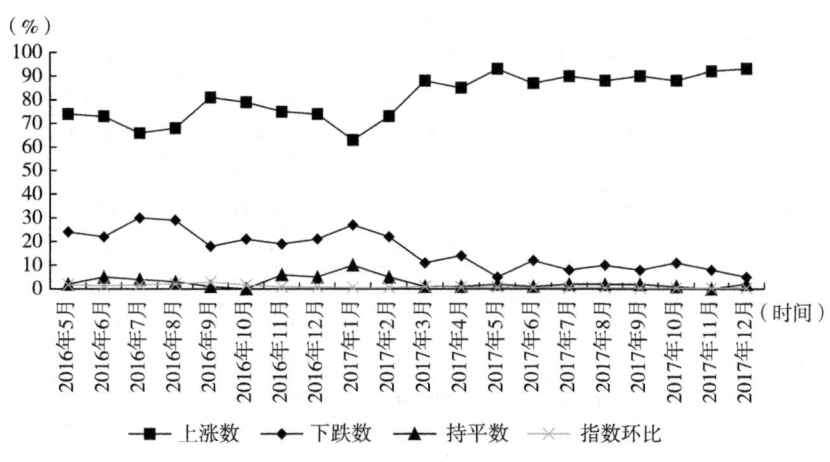

图4-13 百城住宅价格指数

资料来源：Wind数据库。

对一线、二线、三线城市百城住宅平均价格进行研究。如表4-13所示，罗列了百城样本住宅平均价格、一线城市百城住宅平均价格、二线城市百城住宅平均价格和三线城市百城住宅平均价格。

表 4-13 一线、二线、三线城市百城住宅平均价格

单位：元/平方米

时间	百城样本住宅平均价格	一线城市百城住宅平均价格	二线城市百城住宅平均价格	三线城市百城住宅平均价格
2010年6月	9042.00	20800.00	8638.00	6396.00
2010年7月	8981.00	20588.00	8591.00	6368.00
2010年8月	8940.00	20390.00	8606.00	6395.00
2010年9月	9037.00	20775.00	8720.00	6460.00
2010年10月	9123.00	21037.00	8777.00	6503.00
2010年11月	9220.00	21162.00	8897.00	6591.00
2010年12月	9314.00	21297.00	9028.00	6668.00
2011年1月	9445.00	21557.00	9175.00	6753.00
2011年2月	9533.00	21739.00	9258.00	6814.00
2011年3月	9606.00	21803.00	9351.00	6873.00
2011年4月	9671.00	21948.00	9405.00	6929.00
2011年5月	9739.00	22142.00	9431.00	7006.00
2011年6月	9787.00	22219.00	9492.00	7053.00
2011年7月	9824.00	22349.00	9513.00	7084.00
2011年8月	9831.00	22347.00	9500.00	7119.00
2011年9月	9827.00	22346.00	9478.00	7127.00
2011年10月	9795.00	22293.00	9460.00	7122.00
2011年11月	9741.00	22233.00	9382.00	7115.00
2011年12月	9712.00	22124.00	9375.00	7097.00
2012年1月	9696.00	22101.00	9350.00	7099.00
2012年2月	9654.00	22035.00	9285.00	7056.00
2012年3月	9623.00	22043.00	9239.00	7040.00
2012年4月	9586.00	21899.00	9218.00	7008.00
2012年5月	9523.00	21830.00	9168.00	6960.00
2012年6月	9551.00	22071.00	9189.00	6942.00
2012年7月	9586.00	22101.00	9248.00	6945.00
2012年8月	9614.00	22188.00	9279.00	6948.00
2012年9月	9640.00	22238.00	9316.00	6954.00
2012年10月	9653.00	22347.00	9316.00	6960.00
2012年11月	9693.00	22416.00	9374.00	6960.00
2012年12月	9715.00	22604.00	9406.00	6890.00
2013年1月	9812.00	23109.00	9445.00	6896.00

续表

时间	百城样本住宅平均价格	一线城市百城住宅平均价格	二线城市百城住宅平均价格	三线城市百城住宅平均价格
2013年2月	9893.00	23501.00	9515.00	6929.00
2013年3月	9998.00	23922.00	9622.00	6971.00
2013年4月	10098.00	24357.00	9707.00	7023.00
2013年5月	10180.00	24706.00	9771.00	7072.00
2013年6月	10258.00	25067.00	9861.00	7100.00
2013年7月	10347.00	25475.00	9961.00	7130.00
2013年8月	10442.00	25945.00	10030.00	7157.00
2013年9月	10554.00	26587.00	10103.00	7206.00
2013年10月	10685.00	27205.00	10192.00	7227.00
2013年11月	10758.00	27520.00	10283.00	7245.00
2013年12月	10833.00	27903.00	10365.00	7243.00
2014年1月	10901.00	28225.00	10370.00	7257.00
2014年2月	10960.00	28563.00	10393.00	7248.00
2014年3月	11002.00	28765.00	10438.00	7245.00
2014年4月	11013.00	28858.00	10435.00	7241.00
2014年5月	10978.00	28814.00	10399.00	7203.00
2014年6月	10923.00	28639.00	10318.00	7156.00
2014年7月	10835.00	28356.00	10237.00	7105.00
2014年8月	10771.00	28274.00	10143.00	7065.00
2014年9月	10672.00	28024.00	10068.00	7003.00
2014年10月	10629.00	28005.00	10014.00	6950.00
2014年11月	10589.00	28086.00	9959.00	6887.00
2014年12月	10542.00	28065.00	9921.00	6840.00
2015年1月	10564.00	28283.00	9924.00	6824.00
2015年2月	10539.00	28259.00	9890.00	6796.00
2015年3月	10523.00	28268.00	9856.00	6791.00
2015年4月	10522.00	28380.00	9843.00	6773.00
2015年5月	10569.00	28800.00	9867.00	6750.00
2015年6月	10628.00	29516.00	9894.00	6749.00
2015年7月	10685.00	30564.00	9902.00	6739.00
2015年8月	10787.00	31084.00	9924.00	6742.00
2015年9月	10817.00	31397.00	9908.00	6762.00
2015年10月	10849.00	31854.00	9885.00	6765.00
2015年11月	10899.00	32302.00	9922.00	6737.00

续表

时间	百城样本住宅平均价格	一线城市百城住宅平均价格	二线城市百城住宅平均价格	三线城市百城住宅平均价格
2015年12月	10980.00	32891.00	9984.00	6740.00
2016年1月	11026.00	33532.00	9995.00	6763.00
2016年2月	11092.00	34205.00	10036.00	6791.00
2016年3月	11303.00	35200.00	10141.00	6835.00
2016年4月	11467.00	35861.00	10325.00	6892.00
2016年5月	11662.00	36524.00	10531.00	6943.00
2016年6月	11816.00	37098.00	10702.00	6989.00
2016年7月	12009.00	37835.00	10878.00	7041.00
2016年8月	12270.00	38723.00	11087.00	7120.00
2016年9月	12617.00	39785.00	11381.00	7220.00
2016年10月	12825.00	40204.00	11605.00	7313.00
2016年11月	12938.00	40441.00	11697.00	7359.00
2016年12月	13035.00	40621.00	11777.00	7410.00
2017年1月	13105.00	40697.00	11821.00	7446.00
2017年2月	13172.00	40780.00	11856.00	7507.00
2017年3月	13300.00	40945.00	11979.00	7611.00
2017年4月	13405.00	41052.00	12084.00	7705.00
2017年5月	13498.00	41061.00	12183.00	7801.00
2017年6月	13581.00	41092.00	12273.00	7894.00
2017年7月	13661.00	41133.00	12344.00	7990.00
2017年8月	13739.00	41152.00	12432.00	8071.00
2017年9月	13804.00	41173.00	12498.00	8147.00
2017年10月	13860.00	41188.00	12548.00	8215.00
2017年11月	13914.00	41194.00	12618.00	8282.00
2017年12月	13967.00	41202.00	12684.00	8335.00

资料来源：Wind数据库。

由表4-13可知，2010年6月至2017年12月，百城样本住宅的平均价格为10822元/平方米，三线城市百城住宅的平均价格为7082元/平方米，二线城市百城住宅的平均价格为10146元/平方米，一线城市百城住宅的平均价格为28871元/平方米，三线城市百城住宅的平均价格为一线城市百城住宅平均价格的24.53%，二线城市百城住宅的平均价格为一线城市百城住宅平均价格的35.14%，三线城市百城住宅的平均价格为二线城市百城住宅平均价格的 69.80%。二线城市百城住宅的平均价格与百城样本住宅的平均价格数值最为接近，二线城市百城住宅的平均价格为百城样本住宅平均价格的 93.75%，三线城市百城住宅的平均价格为百城样本住宅平均价格的 65.44%，一线城市百城住宅的平均价格为百城样本住宅平均价格的 2.67 倍。由此可见，一线、二线、三线城市房价存在的问题，主要是一线城市百城住宅的平均价格与二线城市百城住宅的平均价格、三线城市百城住宅的平均价格的差距越拉越大，一线城市的房价居高不下，高房价给外来务工者带来的居住高成本，对于劳动力在一线城市聚集极其不利，也不利于吸引人才。一线城市（北京、上海、广州、深圳）的高房地产价格已经成为其可以高度识别的一个特征。

同时，由图 4-14 可以更直观地看出，一线城市百城住宅的平均价格趋势远远高于百城样本住宅的平均价格趋势、二线城市百城住宅的平均价格趋势以及三线城市百城住宅的平均价格趋势，百城样本住宅的平均价格趋势和二线城市百城住宅的平均价格趋势几乎重合，百城样本住宅的平均价格趋势略微高于二线城市百城住宅的平均价格趋势。

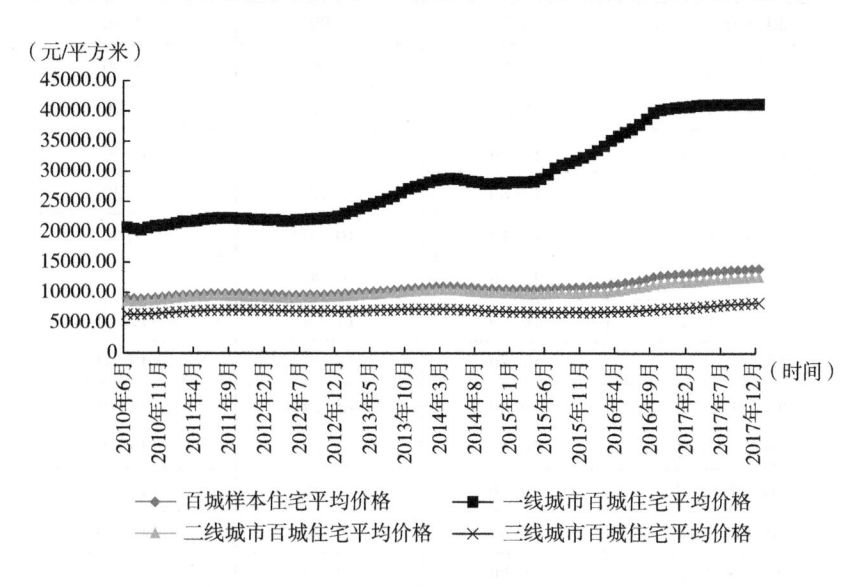

图 4-14　一线、二线、三线城市住宅平均价格

资料来源：Wind 数据库。

对一线城市二手住宅价格指数当月同比数据进行分析,如表 4-14 所示。

表 4-14　　一线城市二手住宅价格指数当月同比数据　　单位:%

时间	北京	上海	深圳
2012 年 1 月	-3.10	0.60	1.20
2012 年 2 月	-3.70	-0.10	-1.30
2012 年 3 月	-3.40	-1.00	-1.80
2012 年 4 月	-3.20	-1.50	-2.30
2012 年 5 月	-3.10	-1.50	-2.60
2012 年 6 月	-2.80	-1.50	-2.40
2012 年 7 月	-2.50	-1.60	-1.80
2012 年 8 月	-2.30	-1.50	-1.70
2012 年 9 月	-1.80	-1.40	-1.40
2012 年 10 月	-1.20	-1.00	-1.10
2012 年 11 月	-0.20	-0.30	0.00
2012 年 12 月	1.60	0.40	1.10
2013 年 1 月	3.50	2.00	2.40
2013 年 2 月	6.00	3.90	3.90
2013 年 3 月	9.10	7.20	6.20
2013 年 4 月	10.90	8.50	7.30
2013 年 5 月	12.80	9.20	8.30
2013 年 6 月	14.10	10.20	9.60
2013 年 7 月	15.30	10.90	10.50
2013 年 8 月	16.40	11.40	12.20
2013 年 9 月	17.80	12.30	13.60
2013 年 10 月	19.00	13.20	14.10
2013 年 11 月	20.10	13.70	14.70
2013 年 12 月	19.70	13.90	14.80
2014 年 1 月	18.40	13.20	15.20
2014 年 2 月	15.90	12.10	14.50
2014 年 3 月	12.60	9.50	13.20

续表

时间	北京	上海	深圳
2014 年 4 月	10.20	8.10	12.00
2014 年 5 月	7.40	6.80	11.10
2014 年 6 月	4.70	5.00	9.10
2014 年 7 月	2.40	3.20	7.40
2014 年 8 月	0.40	1.70	5.20
2014 年 9 月	-2.40	-0.10	3.10
2014 年 10 月	-3.20	-1.00	2.20
2014 年 11 月	-3.70	-1.70	1.80
2014 年 12 月	-4.10	-1.80	1.80
2015 年 1 月	-4.00	-1.60	1.50
2015 年 2 月	-4.10	-2.10	1.00
2015 年 3 月	-3.80	-2.40	0.40
2015 年 4 月	-1.60	-1.80	2.80
2015 年 5 月	3.50	0.60	9.10
2015 年 6 月	7.20	2.50	17.30
2015 年 7 月	10.90	5.00	24.30
2015 年 8 月	14.10	6.90	30.30
2015 年 9 月	17.30	8.80	35.50
2015 年 10 月	18.40	9.70	36.80
2015 年 11 月	19.10	10.80	38.90
2015 年 12 月	20.80	11.70	42.60
2016 年 1 月	23.70	14.40	49.70
2016 年 2 月	27.70	20.30	54.20
2016 年 3 月	35.10	27.80	60.50
2016 年 4 月	37.20	30.20	56.10
2016 年 5 月	34.50	29.20	46.80
2016 年 6 月	33.40	30.50	38.50
2016 年 7 月	32.20	31.00	33.90
2016 年 8 月	34.80	34.40	30.80
2016 年 9 月	40.50	37.40	28.80
2016 年 10 月	40.40	36.70	26.80

续表

时间	北京	上海	深圳
2016年11月	38.70	35.10	23.50
2016年12月	36.70	32.80	19.30
2017年1月	34.60	28.70	12.80
2017年2月	32.20	22.50	8.40
2017年3月	27.00	16.10	3.90
2017年4月	22.50	14.20	5.10
2017年5月	18.80	12.60	5.40
2017年6月	15.80	10.00	4.30
2017年7月	13.10	7.40	3.10
2017年8月	7.80	3.40	0.90
2017年9月	1.40	-0.10	-1.00
2017年10月	-0.20	-0.10	0.10
2017年11月	-0.90	-0.10	1.00
2017年12月	-1.60	0.30	1.50
2018年1月	-3.10	0.80	2.60
2018年2月	-4.60	0.20	4.70
2018年3月	-6.80	-1.10	5.00
2018年4月	-6.90	-2.00	4.40
2018年5月	-5.70	-2.30	5.00
2018年6月	-4.60	-2.50	5.60
2018年7月	-3.50	-2.20	5.60
2018年8月	-2.60	-2.10	6.90

资料来源：Wind数据库。

根据表4-14和图4-15可知，2012年2月至2012年10月，一线城市北京、上海和深圳的二手住宅价格指数当月同比均为负值，2014年9月至2015年4月，北京和上海的二手住宅价格指数当月同比均为负值，2017年10月至2018年8月，北京的二手住宅价格指数当月同比也为负值。2015年5月至2016年7月，深圳的二手住宅价格指数当月同比数值最高，北京的二手住宅价格指数当月同比数值居中，上海的二手住宅价格指数当月同比数值最低。

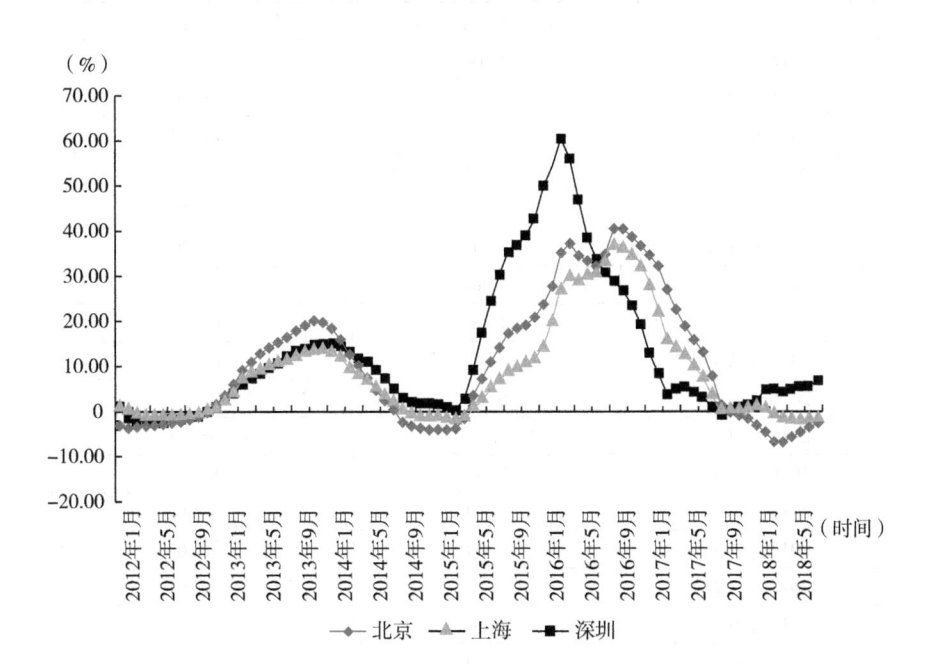

图 4-15　一线城市二手住宅价格指数当月同比

资料来源：Wind 数据库。

对房地产行业投资指数进行分析，如表 4-15 所示。由表 4-15 可知，2015 年 3 月至 2018 年 2 月，房地产开发累计同比的平均值为 6.23%，2015 年 12 月的房地产开发累计同比最低，数值为 1%，2018 年 2 月的房地产开发累计同比最高，数值为 9.9%。2015 年 3 月至 2018 年 2 月，固定投资累计同比的平均值为 9.32%，2017 年 11 月和 12 月的固定投资累计同比均为 7.2%，数值最小，2015 年 3 月的固定投资累计同比最高，数值为 13.5%。

表 4-15　　　　　　　　房地产行业投资指数　　　　　　　　单位:%

时间	房地产开发累计同比	固定投资累计同比
2015 年 3 月	8.50	13.50
2015 年 4 月	6.00	12.00

续表

时间	房地产开发累计同比	固定投资累计同比
2015年5月	5.10	11.40
2015年6月	4.60	11.40
2015年7月	4.30	11.20
2015年8月	3.50	10.90
2015年9月	2.60	10.30
2015年10月	2.00	10.20
2015年11月	1.30	10.20
2015年12月	1.00	10.00
2016年2月	3.00	10.20
2016年3月	6.20	10.70
2016年4月	7.20	10.50
2016年5月	7.00	9.60
2016年6月	6.10	9.00
2016年7月	5.30	8.10
2016年8月	5.40	8.10
2016年9月	5.80	8.20
2016年10月	6.60	8.30
2016年11月	6.50	8.30
2016年12月	6.90	8.10
2017年2月	8.90	8.90
2017年3月	9.10	9.20
2017年4月	9.30	8.90
2017年5月	8.80	8.60
2017年6月	8.50	8.60
2017年7月	7.90	8.30
2017年8月	7.90	7.80
2017年9月	8.10	7.50
2017年10月	7.80	7.30
2017年11月	7.50	7.20
2017年12月	7.00	7.20
2018年2月	9.90	7.90

资料来源：Wind数据库。

同时，如图4-16所示，2015年3月至2016年12月，房地产开发累计同比始终低于固定投资累计同比，2016年12月至2018年2

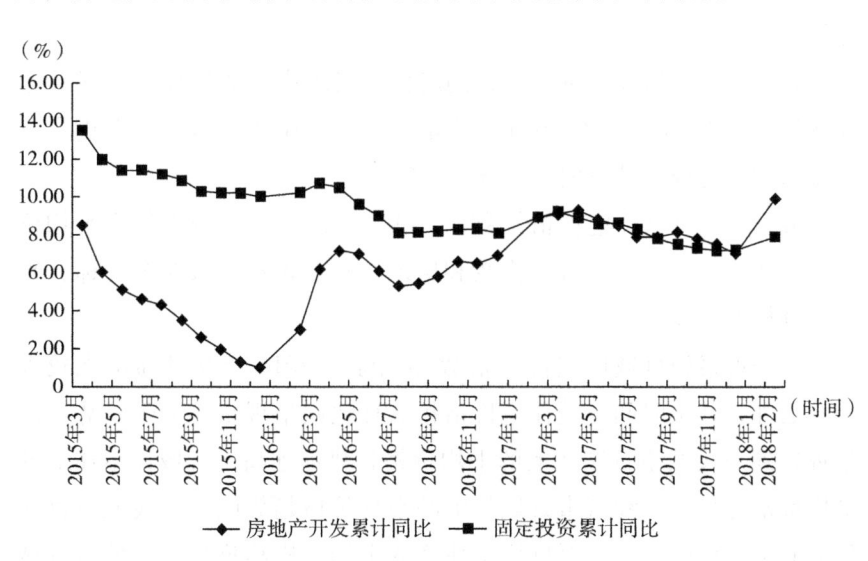

月，房地产开发累计同比开始逐渐高于固定投资累计同比。

图 4-16　房地产行业投资指数

资料来源：Wind 数据库。

房地产市场的高速增长引起了国家相关部门的高度重视，房地产经济的稳定与否，对于国家宏观经济的走向意义重大。因此，2005—2008 年，国务院对房地产市场发文频率明显加强，2005 年 3 月 26 日的"老国八条"、2005 年 4 月 27 日的"新国八条"、2006 年 5 月 17 日的"国六条"、2006 年 5 月 29 日的"国十五条"以及 2008 年 12 月 17 日的"国十三条"发布间隔时间短，2005 年国务院连发"老国八条""新国八条"，2006 年又连发"国六条""国十五条"，说明 2005—2006 年房地产市场亟待规范，引起了国务院的高度重视。

第三节　本章小结

本章分别从地方财政投资支出和房地产的数据进行直观上的统计分析，得出以下三条结论。

第一，从地方财政投资支出规模和结构分别进行分析，发现地方财政投资支出规模在依次递增，地方财政投资支出结构则存在不断下降的现象。

第二，在对房地产进行探讨的时候，发现中国的房地产市场并不存在如美国18年、日本10年左右的长周期，中国房地产周期更多具有短周期的特征，持续时间在3—5年。

第三，从百城住宅价格指数，一线、二线、三线城市住宅平均价格，一线城市二手住宅价格指数和房地产行业投资指数四个指标分别进行分析。

一是观察到百城住宅价格指数环比除在2016年9月前出现较大上升之外，其余时间百城住宅价格指数环比则呈现整体下降趋势。二是观察到一线城市百城住宅的平均价格趋势远远高于百城样本住宅的平均价格趋势、二线城市百城住宅的平均价格趋势以及三线城市百城住宅的平均价格趋势，百城样本住宅的平均价格趋势和二线城市百城住宅的平均价格趋势几乎重合，百城样本住宅的平均价格趋势略微高于二线城市百城住宅的平均价格趋势。三是发现2015年5月至2016年7月，深圳的二手住宅价格指数当月同比数值最高，北京的二手住宅价格指数当月同比数值居中，上海的二手住宅价格指数当月同比数值最低。四是发现2015年3月至2016年12月，房地产开发累计同比始终低于固定投资累计同比，2016年12月至2018年2月，房地产开发累计同比开始逐渐高于固定投资累计同比。

中国的房地产市场极难寻求供求市场均衡的局面，一线、二线城市的房地产往往都是供小于求，一线、二线城市居民的购房刚性需求一直很旺盛，受国家土地供给政策限制，以及开发商捂盘、惜盘的售房策略影响，导致一线、二线城市房地产价格高居不下，新建房屋一旦开盘，居民连夜排队购房的盛况便会在一线、二线城市反复出现。三线、四线甚至五线城市的房地产需求则不是很旺盛，随着地方财政投资支出对房地产力度的加大，拿到建设用地的开发商，往往通过银行贷款来加快房地产建设，造成三线、四线以及五线城市的房地产供给出现了突飞猛进的发展，受困于当地居民收入的局限、购房投资的理念以及吸引外地居民购房政策的诸多限制，三线、四线以及五线城市的住房供给远远大于购房需求，以至于这些三线以下城市在全国层面均出现了许多空置房，并且存在待建住房因开发商资金链断裂而停工的局面。国家层面对房地产市场密集的行政干预，充分体现了房地产市场已成为支撑宏观经济运行是否良好的市场主体地位，实体经济利润的下滑，与房地产市场的暴利形成了鲜明的对比，造成许多实体企业家转身投向房地产市场。国家对房地产市场制定的政策，往往在房地产市场机制反应之后，难以对房地产市场宏观调控带来真正意义上的效果，反而促使房地产价格越来越高。

第五章

地方财政投资支出对房地产影响的实证分析

——基于全国时间序列数据和 SVAR 模型

第一节 引言

中国实行的市场经济体制,是同社会主义制度紧密结合在一起的,虽然混合所有制经济模式近年来在大力提倡,但是,公有制经济的主体地位在中国一直未动摇。这一特殊国情决定了地方财政投资支出在中国的经济发展中一直居于主导地位,也就有了"财政政策是主动的、货币政策是被动的"这种说法。地方财政投资支出对房地产的影响主要表现为基础设施等公用设施的地方政府投资方面,地方政府通过加大对当地的基础设施以及美化环境等公益性支出,吸引居民向城市聚集。

本章并没有采用传统的向量自回归(VAR)模型,来探讨地方财政投资支出对房地产的影响。由于 VAR 模型包含的经济变量本身没有经济理论为基础,同时,VAR 模型不能分析经济变量之间的同期相关关系,因此,国外学者在传统的 VAR 模型中引入了结构因素,结构向量自回归(SVAR)方法则允许考虑不同经济变量之间的同期相关关系,同时,SVAR 模型中的经济变量又具有经济理论含义,因此,

SVAR 方法目前已为国外学者广泛采用。国内学者用结构向量自回归（SVAR）方法也进行了大量的研究，例如，胡永刚和杨智峰[1]采用 SVAR 方法，分析了农村产出和居民消费受财政农业支出的影响，赵昕东[2]基于 SVAR 模型，探讨了中国房地产价格波动与宏观经济之间的关系。本章在国内外学者相关研究的基础上，也采用了国际上通用的 SVAR 模型，通过脉冲响应和方差分解结果分析，进一步说明地方财政投资支出对房地产的影响。

本章剩余内容的结构安排如下：第一部分介绍短期 SVAR 模型的地方财政投资支出对房地产影响的实证分析，通过脉冲响应函数和方差分解结果，分析地方财政投资支出对房地产价格、房地产投资的影响。第二部分介绍长期 SVAR 模型的地方财政投资支出对房地产影响的实证分析。第三部分总结全章。

第二节　短期 SVAR 模型的地方财政投资支出对房地产影响的实证分析

一　变量选择和数据选取

本章之所以选取全国财政投资支出的时间序列数据来分析财政投资支出对房地产的影响，主要因为全国财政投资支出包括中央财政投资支出和地方财政投资支出，因此，从全国财政投资支出的时间序列数据分析，具有一定的借鉴意义。

分别选择地方财政投资支出[3]（fe）、房地产价格（hp）和房地产投资（hi）三个变量，数据主要在"中经网统计数据库"取得，时间跨度为 1995—2016 年（详见表 5-1）。首先，三类原始数据采取了取

---

[1] 胡永刚、杨智峰：《财政农业支出对农村产出与居民消费影响的 SVAR 分析》，《数量经济技术经济研究》2009 年第 7 期。
[2] 赵昕东：《中国房地产价格波动与宏观经济——基于 SVAR 模型的研究》，《经济评论》2010 年第 1 期。
[3] 由于地方财政投资支出数据的可得性，选取地方一般公共预算支出数据替代地方财政投资数据。

对数。其次，用H-P滤波过滤其趋势成分，保留其波动成分。

表5-1　　　　地方财政投资支出、房地产价格和房地产投资

年份	地方财政投资支出（亿元）	房地产价格（元/平方米）	房地产投资（亿元）
1995	4828.33	1590.86	3149.02
1996	5786.28	1806.40	3216.40
1997	6701.06	1997.00	3178.37
1998	7672.58	2063.00	3614.23
1999	9035.34	2053.00	4103.20
2000	10366.65	2112.00	4984.05
2001	13134.56	2170.00	6344.11
2002	15281.45	2250.00	7790.92
2003	17229.85	2359.00	10153.80
2004	20592.81	2778.00	13158.25
2005	25154.31	3167.66	15909.25
2006	30431.33	3366.79	19422.92
2007	38339.29	3863.90	25288.84
2008	49248.49	3800.00	31203.19
2009	61044.14	4681.00	36241.81
2010	73884.43	5032.00	48259.40
2011	92733.68	5357.10	61796.89
2012	107188.34	5790.99	71803.79
2013	119740.34	6237.00	86013.38
2014	129215.49	6324.00	95035.61
2015	150335.62	6793.00	95978.85
2016	160351.36	7476.00	102580.61

资料来源：中经网统计数据库。

对以上三组变量进行单位根检验，发现三组变量均为一阶单整时间序列。同时，对三组变量之间的长期关系进行协整检验，发现三组变量之间均存在长期的协整关系。Sims等[1]研究认为，变量之间如果存在协整关系，可以从变量水平值的VAR模型中得出一致性估计。

---

[1] Sims C. A., et al., "Inference in Linear Time Series Models with Some Unit Roots", *Econometrica*, Vol.58, No.1, 1990, pp.113-144.

因此参照 Christiano 等[①]的研究方法，采用变量水平变量形式的 VAR 模型，用 STATA 14.0 软件做结构向量自回归（SVAR）分析。

二 变量的统计特征

表 5-2 是三个变量地方财政投资支出（fe）、房地产价格（hp）以及房地产投资（hi）的统计特征。

表 5-2 变量的统计特征

变量	观测值	均值	标准误差	最小值	最大值
fe	22	-0.0002620	0.0611112	-0.1285270	0.1227409
hp	22	0.0029023	0.0550577	-0.1144260	0.0996260
hi	22	-0.0051620	0.1001597	-0.1957020	0.1838632

三 变量的散点图

如图 5-1 所示，地方财政投资支出和房地产价格之间的关系整体呈正相关的趋势，地方财政投资支出与房地产投资的关系也是正向的。

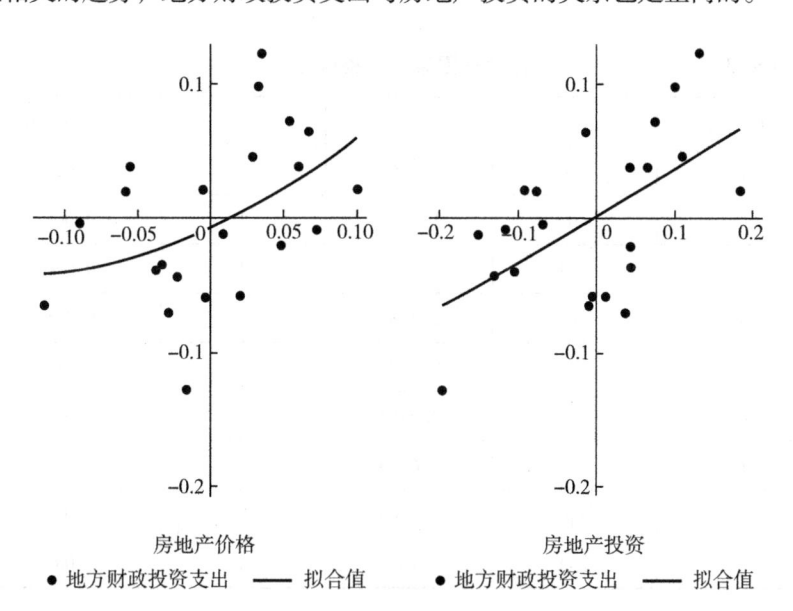

图 5-1 地方财政投资支出与房地产价格、房地产投资的散点

[①] Christiano L. J., et al., "Monetary Policy Shocks: What Have We Learned and to What End?", *Handbook of Macroeconomics*, Vol. 1, No. 2, 1999, pp. 65-148.

四 格兰杰因果关系检验

对地方财政投资支出（fe）、房地产价格（hp）和房地产投资（hi）三个变量进行格兰杰因果关系检验，计量软件在这里采用Stata 14.0。

由表5-3可知，在以fe为解释变量的方程中，如果检验变量hp系数的联合显著性（在方程中排除变量hp），fe的卡方统计量为7.8362，相应的p值为0.020，因此可以认为hp是fe的格兰杰原因。类似地，如果检验变量hi系数的联合显著性（在方程中排除变量hi），fe的卡方统计量为11.343，相应的p值为0.003，故可认为hi也是fe的格兰杰原因。如果同时检验变量hp、hi系数的联合显著性（在方程中同时排除变量hp、hi），fe的卡方统计量为14.265，相应的p值为0.006，故可接受"变量hp、hi均是fe的格兰杰原因"的原假设。

表5-3　　　　　　　　格兰杰因果关系检验结果

方程式	排除	卡方	自由度	概率>卡方
fe	hp	7.8362	2	0.020
fe	hi	11.343	2	0.003
fe	全部	14.265	4	0.006
hp	fe	2.3083	2	0.315
hp	hi	8.7252	2	0.013
hp	全部	9.9451	4	0.041
hi	fe	3.6278	2	0.163
hi	hp	5.9165	2	0.052
hi	全部	8.1822	4	0.085

类似地，在以hp为解释变量的方程中，如果检验变量fe系数的联合显著性（在方程中排除变量fe），hp的卡方统计量为2.3083，相应的p值为0.315，因此可以认为fe不是hp的格兰杰原因。如果检验

变量 hi 系数的联合显著性（在方程中排除变量 hi），hp 的卡方统计量为 8.7252，相应的 p 值为 0.013，因此可以认为 hi 是 hp 的格兰杰原因。如果同时检验变量 fe、hi 系数的联合显著性（在方程中同时排除变量 fe、hi），hp 的卡方统计量为 9.9451，相应的 p 值为 0.041，故可接受"变量 fe、hi 均是 hp 的格兰杰原因"的原假设。

在以 hi 为解释变量的方程中，如果检验变量 fe 系数的联合显著性（在方程中排除变量 fe），hi 的卡方统计量为 3.6278，相应的 p 值为 0.163，因此可以认为 fe 不是 hi 的格兰杰原因。如果检验变量 hp 系数的联合显著性（在方程中排除变量 hp），hi 的卡方统计量为 5.9165，相应的 p 值为 0.052，因此可以认为 hp 不是 hi 的格兰杰原因。如果同时检验变量 fe、hp 系数的联合显著性（在方程中同时排除变量 fe、hp），hi 的卡方统计量为 8.1822，相应的 p 值为 0.085，故拒绝"变量 fe、hp 均是 hi 的格兰杰原因"的原假设。

五　短期 SVAR 模型设定和估计

由于向量自回归（VAR）模型是非结构化的模型，各个变量之间的关系没有经济理论为支撑。并且，向量自回归模型的解释变量也并不包含同期变量，变量之间也就不会存在当期影响，因而简化式向量自回归没有办法揭示经济结构的构成。同时，简化式向量自回归的脉冲响应函数因为依赖于变量次序，表现为脉冲响应并不唯一。因此，将结构因素（structure factor）引入传统的 VAR 模型中，允许各个变量之间在当期彼此可以互相影响，从结构向量自回归（SVAR）探讨地方财政投资支出对房地产价格、房地产投资的影响是很有必要的。

$$A(I-\Gamma_1 L-\cdots-\Gamma_p L^p)y_t = Au_t = B\varepsilon_t \tag{5.1}$$

式（5.1）为结构向量自回归（SVAR）的"AB 模型"（AB-Model）（Amisano and Giannini，1997），ε_t 为 SVAR 模型的结构扰动项，其协方差矩阵被标准化为单位矩阵 I_m，B 为 $M \times M$ 矩阵。

第一，定义矩阵 A 与 B，对矩阵 A、B 进行识别，是构建结构向量自回归(SVAR)模型的关键。将矩阵 A 定义为下三角矩阵且主对角线的元素均为 1，即 matrix$A$ = (1, 0, 0 | χ_1, 1, 0 | χ_2, χ_3, 1)。将

矩阵 B 设定为对角矩阵，即 $matrixB = \text{diag}(\lambda_1, \lambda_2, \lambda_3)$，矩阵 A 和矩阵 B 满足"乔利斯基约束条件"（Cholesky Restrictions Condition），针对矩阵 A 和矩阵 B 所施加的约束被称为短期约束，此时的 SVAR 模型也被称为"短期 SVAR"模型。

第二，确定 SVAR 模型的滞后阶数。根据赤池信息准则（AIC）信息准则，由表 5-4 可知，可以使用默认的二阶 VAR。使用对矩阵 A 与 B 的上述约束，估计短期 SVAR 模型。

表 5-4　　　　　　　　滞后阶数选择

阶数选择标准								
样本：1999—2016 年					观测值 = 18			
lag	LL	LR	df	p	FPE	AIC	HQIC	SBIC
0	76.7494				5.50E-08	-8.19437	-8.17391	-8.04598
1	93.0828	32.667	9	0	2.50E-08	-9.0092	-8.92735	-8.41562
2	107.054	27.942	9	0.001	1.60E-08	-9.56156	-9.41833	-8.52279*
3	119.277	24.446	9	0.004	1.5E-08*	-9.91964	-9.71503	-8.43569
4	132.559	26.564*	9	0.002	1.90E-08	-10.3954*	-10.1294*	-8.46626
内生变量：fe hp hi								
外生变量：_cons								

注：*表示在 0.1 的显著性水平下显著。

下面讨论特征值的稳定性，对于滞后长度为 2 且有 3 个内生变量的 SVAR 模型，AR 特征多项式有 $2 \times 3 = 6$（个）根，如被估计的 SVAR 模型中所有根的倒数的模比 1 小，如表 5-5 所示，说明估计的 SVAR 模型满足稳定性条件。由图 5-2 的 SVAR 系统稳定性的判别图可以看出，SVAR 模型的六个特征值都位于单位圆内，说明我们所估计的 SVAR 模型满足稳定性条件。

表 5-5　　　　　　　　特征值稳定性条件

特征值	系（模）数
0.7082856+0.5341417i	0.887117
0.7082856−0.5341417i	0.887117
0.6150869+0.3006061i	0.684614
0.6150869−0.3006061i	0.684614
−0.1873788+0.5592194i	0.589777
−0.1873788−0.5592194i	0.589777

所有特征值都在单位圆内

VAR 满足稳定条件

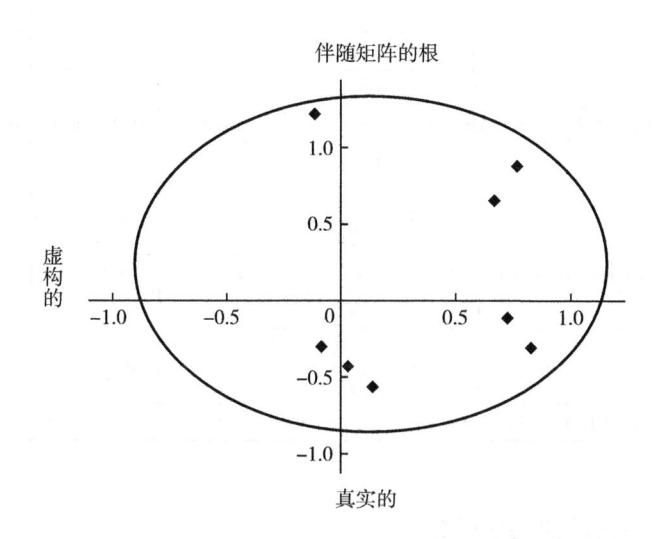

图 5-2　SVAR 系统稳定性的判别

表 5-6 共有 11 个约束条件，刚好为恰好识别。上表下方的是对矩阵 A 与矩阵 B 自由元素的估计值及标准误。其中，对 a_{21}、a_{31} 和 a_{32} 的估计值都是负值，经过移项后，这些当期效应均为正值（与经济学的理论预期常识相符）。

表 5-6　　　　　　　　　　短期 SVAR 模型估计

估计短期参数						
结构向量自回归						
样本：1997—2016 年			观测值数量=20			
准确识别模型			对数似然值=118.2528			
系数	标准误差	z	P>z	[95%置信区间]		
/a_1_1		1	(约束)			
/a_2_1	-0.5497126	0.2502584	-2.20	0.028	-1.0402100	-0.0592200
/a_3_1	-0.3016660	0.3299211	-0.91	0.361	-0.9482995	0.3449680
/a_1_2		0	(约束)			
/a_2_2		1	(约束)			
/a_3_2	-0.2216353	0.2645922	-0.84	0.402	-0.7402265	0.2969560
/a_1_3		0	(约束)			
/a_2_3		0	(约束)			
/a_3_3		1	(约束)			
/b_1_1	0.0295702	0.0046755	6.32	0.000	0.0204065	0.0387340
/b_2_1		0	(约束)			
/b_3_1		0	(约束)			
/b_1_2		0	(约束)			
/b_2_2	0.0330947	0.0052327	6.32	0.000	0.0228387	0.0433510
/b_3_2		0	(约束)			
/b_1_3		0	(约束)			
/b_2_3		0	(约束)			
/b_3_3	0.0391607	0.0061918	6.32	0.000	0.0270249	0.0512970

六　结构脉冲响应函数

短期 SVAR 的结构脉冲响应函数结果如图 5-3 所示。图 5-3（a）至图 5-3（c），都是以地方财政投资支出（fe）为脉冲变量，分别表示地方财政投资支出对其自身、房地产投资和房地产价格的动态效应。首先，地方财政投资支出对于房地产投资的响应是正向的。其次，以下降的速度在第 8 期左右稳定地趋向于 0，地方财政投资支出冲击对房地产投资的影响较大，并且地方财政投资支出和房地产投资之间的关系是强正相关的。地方财政投资支出对于房地产价格的响应以逐渐下降的速度在第 8 期左右稳定地趋向于 0，地方财政投资支出冲击对房地产价格的影响则不是十分显著，并且地方财政投资支出和房地产价格之间的关系是弱正相关的。

■ 95%置信区间　——结构脉冲效应函数

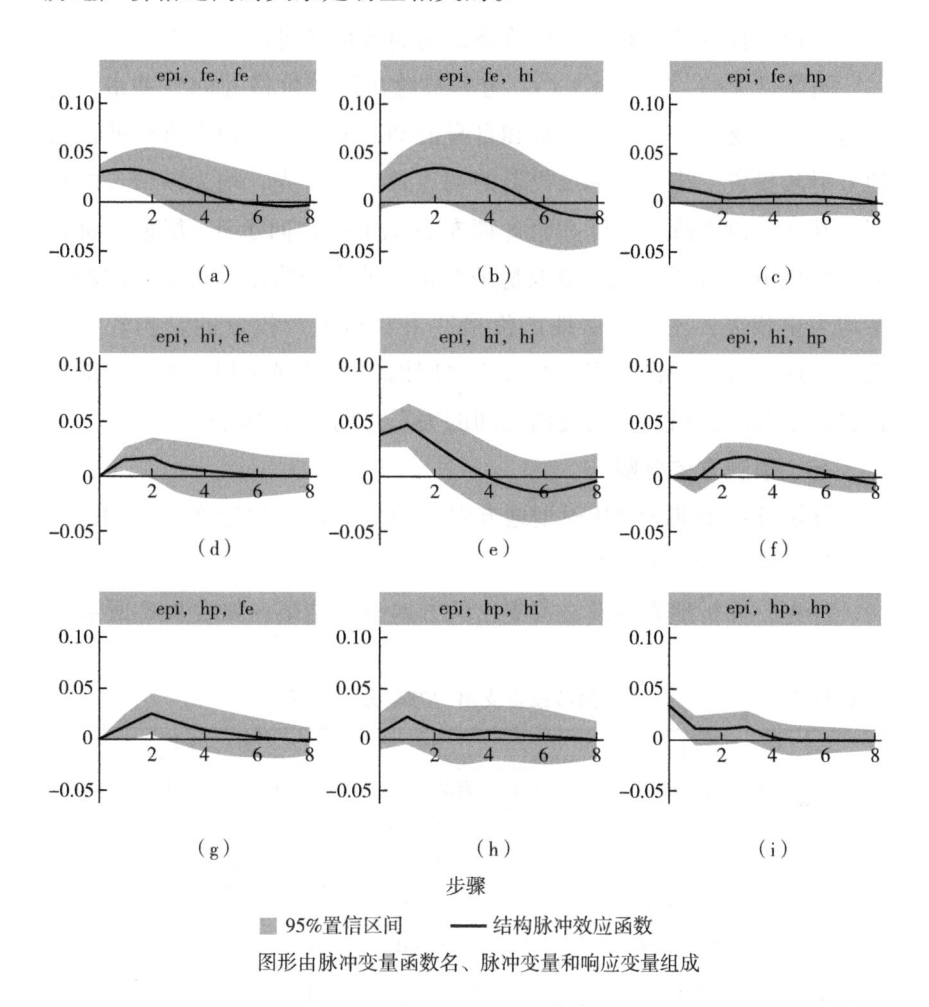

图形由脉冲变量函数名、脉冲变量和响应变量组成

图 5-3　短期 SVAR 的结构脉冲响应函数

类似地，图 5-3（d）至图 5-3（f）分别描述房地产投资（hi）对地方财政投资支出、自身和房地产价格的动态效应。房地产投资对地方财政投资支出和房地产价格的动态效应，首先，均为以增长的速度。其次，以下降的速度在第 8 期左右稳定地趋向于 0。房地产投资

冲击与地方财政投资支出以及房地产投资冲击与房地产价格之间的关系均为正相关，不过，房地产投资冲击对地方财政投资支出的影响较为显著，房地产投资冲击和地方财政投资支出之间的关系是强正相关的，房地产投资冲击和房地产价格之间的关系是弱正相关的。

图5-3（g）至图5-3（i）分别描绘房地产价格（hp）冲击对地方财政投资支出、房地产投资和自身的动态效应。房地产价格冲击对地方财政投资支出、房地产投资的动态效应，首先，均为以增长的速度。其次，以下降的速度在第8期左右稳定地趋向于0。房地产价格冲击与地方财政投资支出以及房地产价格冲击与房地产投资之间的关系均为正相关，不过，房地产价格冲击对房地产投资的影响较为显著，房地产价格冲击和房地产投资之间的关系是强正相关的，房地产价格冲击和地方财政投资支出之间的关系是弱正相关的。

七　预测方差分解

分别分析短期SVAR模型地方财政投资支出、房地产价格和房地产供给的预测方差分解结果。

首先，分析地方财政投资支出的方差分解结果，如表5-7所示。

表5-7　　　　　地方财政投资支出的方差分解结果

期数	（1）短期预测误差方差分解	（2）短期预测误差方差分解	（3）短期预测误差方差分解
0	0	0	0
1	1	0	0
2	0.829645	0.072620	0.097735
3	0.697679	0.183861	0.118460
4	0.678298	0.210755	0.110948
5	0.671555	0.218764	0.109681
6	0.666726	0.223486	0.109788
7	0.666571	0.223784	0.109646
8	0.667206	0.223445	0.109350

（1）脉冲响应结果=epi，脉冲变量=fe，反应变量=fe
（2）脉冲响应结果=epi，脉冲变量=hp，反应变量=fe
（3）脉冲响应结果=epi，脉冲变量=hi，反应变量=fe

第五章 地方财政投资支出对房地产影响的实证分析

由表 5-7 可知，对地方财政投资支出进行向前 1 期的预测，全部的预测方差来自地方财政投资支出本身。即使向前做 8 期的预测，仍有 66.72% 的预测方差来自地方财政投资支出本身，其余 22.34% 的预测方差来自房地产价格，10.94% 的预测方差来自房地产投资。

地方财政投资支出的方差分解结果通过图 5-4 可以更直观地观察。预测方差来自地方财政投资支出本身所占的阴影面积最大，预测方差来自房地产价格所占的阴影面积次之，预测方差来自房地产投资所占的阴影面积最小。

步骤

■ 95%置信区间　——（结构上的）由脉冲引起的均方误差的分数
图形由脉冲变量函数名、脉冲变量和响应变量组成

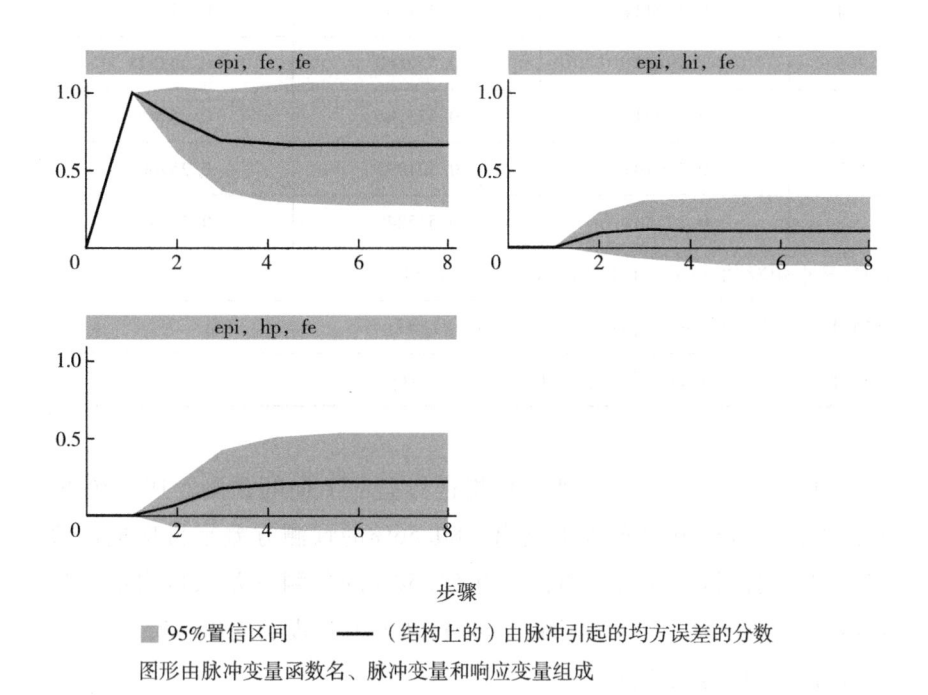

图 5-4　地方财政投资支出的方差分解结果

其次，分析房地产价格的方差分解结果，方差分解结果如表 5-8 所示。

表 5-8　　　　　　　　　房地产价格的方差分解结果

期数	（1）短期预测误差方差分解	（2）短期预测误差方差分解	（3）短期预测误差方差分解
0	0	0	0
1	0.194359	0.805641	0
2	0.250410	0.745186	0.004404
3	0.219678	0.669492	0.110830
4	0.189424	0.597983	0.212594
5	0.194812	0.557660	0.247528
6	0.206347	0.533786	0.259867
7	0.220405	0.521995	0.257600
8	0.227305	0.515849	0.256847

（1）脉冲响应结果=epi，脉冲变量=fe，反应变量=hp

（2）脉冲响应结果=epi，脉冲变量=hp，反应变量=hp

（3）脉冲响应结果=epi，脉冲变量=hi，反应变量=hp

由表 5-8 可知，对房地产价格进行向前 1 期的预测，19.44%的预测方差来自地方财政投资支出，80.56%的预测方差来自房地产价格。即使向前做 8 期的预测，仍有 51.58%的预测方差来自房地产价格本身，其余 22.73%的预测方差来自地方财政投资支出，25.68%的预测方差来自房地产投资。

房地产价格的方差分解结果通过图 5-5 可以更直观地观察。预测方差来自房地产价格本身所占的阴影面积最大，预测方差来自房地产投资所占的阴影面积次之，预测方差来自地方财政投资支出所占的阴影面积最小。

最后，分析房地产投资的方差分解结果，如表 5-9 所示。

第五章 地方财政投资支出对房地产影响的实证分析

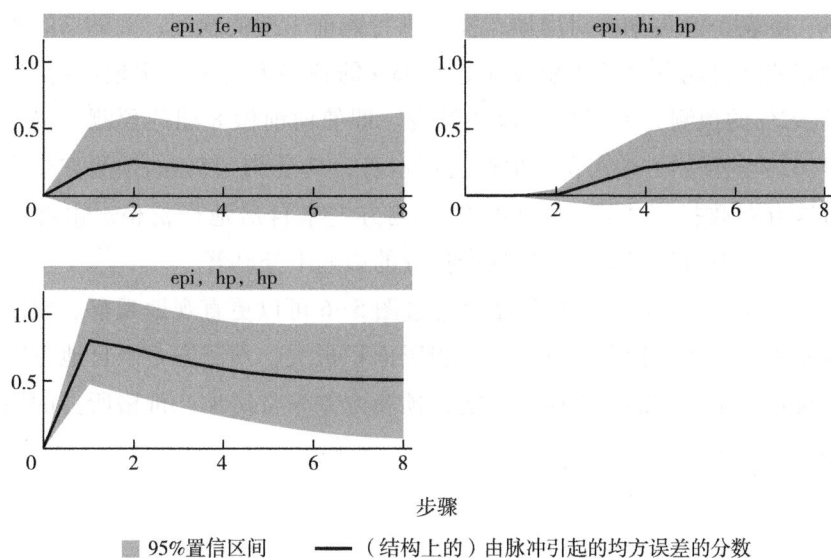

步骤

■ 95%置信区间 ——（结构上的）由脉冲引起的均方误差的分数

图形由脉冲变量函数名、脉冲变量和响应变量组成

图 5-5 房地产价格的方差分解结果

表 5-9　　　　　　　　　房地产投资的方差分解结果

期数	（1）短期预测误差方差分解	（2）短期预测误差方差分解	（3）短期预测误差方差分解
0	0	0	0
1	0.089914	0.030846	0.879240
2	0.192688	0.099770	0.707542
3	0.312435	0.083476	0.604089
4	0.387597	0.073685	0.538718
5	0.419085	0.074024	0.506891
6	0.416268	0.075033	0.508699
7	0.406990	0.074015	0.518995
8	0.411489	0.072264	0.516248

（1）脉冲响应结果=epi，脉冲变量=fe，反应变量=hi

（2）脉冲响应结果=epi，脉冲变量=hp，反应变量=hi

（3）脉冲响应结果=epi，脉冲变量=hi，反应变量=hi

由表 5-9 可知，对房地产投资进行向前 1 期的预测，8.99% 的预测方差来自地方财政投资支出，3.08% 的预测方差来自房地产价格，87.92% 的预测方差来自房地产投资。即使向前做 8 期的预测，仍有 51.62% 的预测方差来自房地产投资本身，其余 41.15% 的预测方差来自地方财政投资支出，7.23% 的预测方差来自房地产价格。由此可见，地方财政投资支出对房地产投资的影响十分显著。

房地产投资的方差分解结果通过图 5-6 可以更直观地观察。预测方差来自房地产投资本身所占的阴影面积最大，预测方差来自地方财政投资支出所占的阴影面积次之，预测方差来自房地产价格所占的阴影面积最小。

步骤

■ 95%置信区间 ── （结构上的）由脉冲引起的均方误差的分数
图形由脉冲变量函数名、脉冲变量和响应变量组成

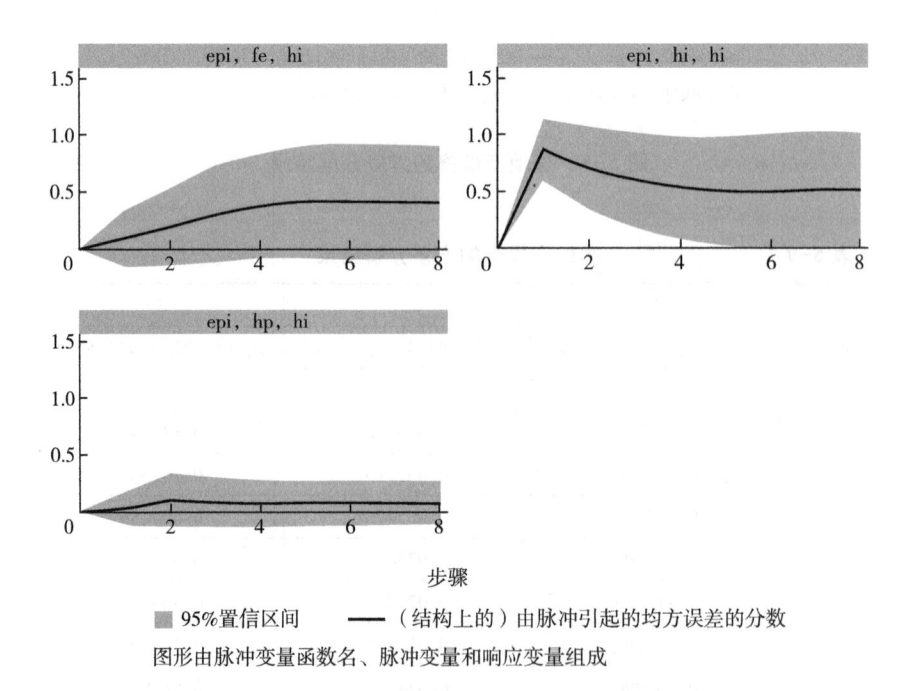

图 5-6 房地产投资的方差分解结果

地方财政投资支出、房地产价格和房地产投资的 SVAR 的结构预测误差方差分解，可由图 5-7 完整地表示出来。由地方财政投资支出的方差分解结果可知，房地产价格对地方财政投资支出有较大影响，

房地产投资对地方财政投资支出的影响不是十分显著。由房地产价格的方差分解结果可知，房地产投资对房地产价格的影响比地方财政投资支出对房地产价格的影响稍微强些，二者对房地产价格的影响基本持平。由房地产投资的方差分解结果可知，地方财政投资支出对房地产投资的影响十分显著，房地产价格对房地产投资的影响比较有限。

■ 95%置信区间 —— （结构上的）由脉冲引起的均方误差的分数
图形由脉冲变量函数名、脉冲变量和响应变量组成

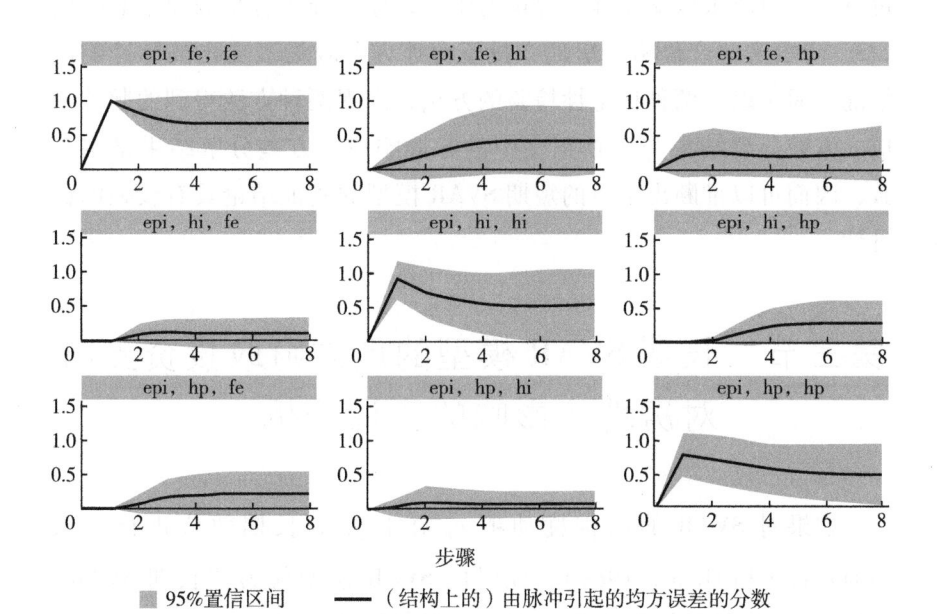

图 5-7 短期 SVAR 的结构预测方差分解

八 稳健性检验

为了保证短期 SVAR 模型检验结果的可靠性，对文中房地产价格、房地产投资对地方财政投资支出的脉冲响应、方差分解结果分别进行了稳健性检验，主要采用改变变量次序和改变样本容量的两种稳健性检验方法。首先，改变变量次序方面，主要通过调整地方财政投资支出、房地产价格和房地产投资的变量顺序，分别调整为地方财政投资支出、房地产投资和房地产价格的变量顺序，以及房地产价格、地方财政投资支出、房地产投资的变量顺序，房地产价格、房地产投

资、地方财政投资支出的变量顺序,以及房地产投资、地方财政投资支出、房地产价格的变量顺序,房地产投资、房地产价格、地方财政投资支出的变量顺序,共存在5种3个变量的顺序组合,考察房地产价格、房地产投资对地方财政投资支出的脉冲响应情况。其次,改变样本容量方面,受数据的可得性限制,扩大样本容量的手段通常是不可行的,只能采取缩小样本容量的手段,缩小样本容量为原来数据的2/3,考察房地产价格、房地产投资对地方财政投资支出的脉冲响应情况。通过以上两种稳定性检验的方法,发现两种方法得到的脉冲响应、方差分解结果与本章正文中的脉冲响应、方差分解结果基本一致,因而可以推断出本章的短期SVAR模型的实证结论具有较强的稳健性。

第三节 长期SVAR模型的地方财政投资支出对房地产影响的实证分析

如果对SVAR的结构扰动项ε_t对于y_t的长期效应进行约束(Blanchard和Quah,1989),此时的SVAR模型就为"长期SVAR"模型。SVAR的结构扰动项ε_t对于y_t的长期效应为:

$$C \equiv (I - \Gamma_1 - \cdots - \Gamma_P)^{-1} A^{-1} B \tag{5.2}$$

因此,长期内的SVAR模型可以简洁地记为:

$$y_t = C\varepsilon_t \tag{5.3}$$

首先,定义矩阵C,将矩阵C设定为对角矩阵,即matrixC = diag(η_1, η_2, η_3)。

其次,根据信息准则,确定简化VAR的滞后阶数。

由表5-10可知,大多数信息准则支持VAR(4),因此,滞后阶数选择为4阶。

表 5-10　　　　　　　　滞后阶数选择

阶数选择标准								
样本：1999—2016 年				观测值 = 18				
lag	LL	LR	df	p	FPE	AIC	HQIC	SBIC
0	76.7494				5.50E-08	-8.19437	-8.17391	-8.04598
1	93.0828	32.667	9	0.000	2.50E-08	-9.00920	-8.92735	-8.41562
2	107.054	27.942	9	0.001	1.60E-08	-9.56156	-9.41833	-8.52279*
3	119.277	24.446	9	0.004	1.5e-08*	-9.91964	-9.71503	-8.43569
4	132.559	26.564*	9	0.002	1.90E-08	-10.3954*	-10.1294*	-8.46626
内生：fe hp hi								
外生：_cons								

注：*表示在 0.1 的显著水平下显著。

估计长期 SVAR 模型。根据表 5-11，此长期 SVAR 模型为恰好识别，且 C 矩阵中的所有元素都十分显著。

表 5-11　　　　　　　　长期 SVAR 估计

估计长期参数						
结构向量自回归						
(1) [c_1_2]_cons = 0 年						
样本：1999—2016			观测值 = 18			
准确识别模型			对数似然值 = 75.36524			
	系数	标准误差	z	P>z	[95%置信区间]	
/c_1_1	0.0545122	0.0090854	6.00	0	0.036705	0.072319
/c_2_1	0.0667823	0.0126345	5.29	0	0.042019	0.091546
/c_1_2	0	(约束)				
/c_2_2	0.0253659	0.0042277	6.00	0	0.017080	0.033652

第四节　本章小结

本章主要在结构向量自回归（SVAR）模型的基础上，对地方财政投资支出对房地产的影响进行了分析，在采取 SVAR 分析时，又从短期SVAR和长期SVAR分别探讨了地方财政投资支出对房地产的影响。在做SVAR模型分析时，主要采用了通用的脉冲响应分析和预测方差结果分析，脉冲响应分析方面，首先，从地方财政投资支出对房地产价格、房地产投资的动态响应进行分析，发现地方财政投资支出冲击对房地产投资的影响较大，并且地方财政投资支出和房地产投资之间的关系是强正相关的，地方财政投资支出冲击对房地产价格的影响则不是十分显著，并且地方财政投资支出和房地产价格之间的关系是弱正相关的。其次，从房地产投资对地方财政投资支出、房地产价格的动态响应进行分析，发现房地产投资冲击和地方财政投资支出之间的关系是强正相关的，房地产投资冲击和房地产价格之间的关系是弱正相关的。最后，从房地产价格对地方财政投资支出、房地产投资的动态响应进行分析，发现房地产价格冲击和房地产投资之间的关系是强正相关的，房地产价格冲击和地方财政投资支出之间的关系是弱正相关的。

预测方差结果分析方面，采用短期SVAR模型进行分析时，主要从地方财政投资支出、房地产价格和房地产投资分别作了向前8期的预测，考察哪一变量对其他两个变量的影响程度。由地方财政投资支出的方差分解结果可知，房地产价格对地方财政投资支出有较大影响，房地产投资对地方财政投资支出的影响不是十分显著。由房地产价格的方差分解结果可知，房地产投资对房地产价格的影响比地方财政投资支出对房地产价格的影响稍微强些，二者对房地产价格的影响基本持平。由房地产投资的方差分解结果可知，地方财政投资支出对房地产投资影响十分显著，房地产价格对房地产投资影响比较有限。

采用长期SVAR模型进行分析时，滞后阶数选择4阶，发现这个长期的SVAR模型为恰好识别模型。本章主要选取全国层面的地方财政投资支出、房地产价格和房地产投资的相关数据进行分析，对地方财政投资支出、房地产价格和房地产投资三者之间的宏观关系有了大致的判断。

中国的地方财政投资支出在对房地产投资加大资金倾斜力度的同时，势必会相应削减支持实体经济的资金补助，中国的地方经济发展也会相应出现经济发展水平的不均衡现象，对于经济中不同的部门而言，不同部门的经济发展水平无疑也会产生不对称现象。一方面，是房地产经济的过度繁荣，这多半是由房地产部门的高利润导致的，高利润驱使众多的逐利者大量涌入房地产市场，地方政府出于自身利益也不可避免地为房地产部门保驾护航，用房地产部门所带来的土地财政收入和房地产的相关税收收入来弥补地方政府财力。另一方面，则是实体经济部门的利润下滑，实体经济部门的利润下滑有多种原因，如受产能过剩、同质竞争、管理不善、技术创新不力等因素的影响，但是，众多实体经济的利润大都不是特别丰厚，没有房地产经济的暴利诱惑性大，导致实体经济的企业家也无法一心一意搞生产、抓销售，实体经济的企业家纷纷把企业资金（甚至大量举债）投入房地产市场中，这更加促进了房地产部门的繁荣，非房地产部门经济下滑也是大势所趋。因此，第六章分析地方财政投资支出对房地产部门和非房地产部门的非对称性影响就变得十分必要。

第六章

地方财政投资支出对房地产影响的非对称性分析

第一节 引言

按揭政策于1998年正式实施，房地产受信贷政策利好支持，得到突飞猛进的发展。房地产除了作为居民的住宅需求之外，还被一些社会闲置资本用来投机，进而引发全国范围的炒房行为，资产配置不公平所导致的收入分配不公，严重威胁中国的社会稳定。近期，在住房投机需求遭遇国家行政限购干预的情况下，不仅购房数量出现短期下降，而且房地产价格上涨态势得到一定程度上的遏制，然而，房地产部门仍然存在较大的潜在风险。中国政府通常实施积极的（扩张性）财政政策，通过增加财政投资支出等手段扩大社会需求。财政投资支出对于房地产的投资主要集中在城市适用住房建设、城市基础设施等。同时，与房地产密切相关的建材、装修行业也会受房地产景气现象带动而快速增长，也就是关联效应或乘数效应。

2003年至今，中国的房地产价格居高不下，尽管政府出台了密集的房地产调控政策，但收效甚微，开发商拿地建设房地产的意愿越来越强，房地产价格泡沫也越来越大。过热的房地产投资导致一些房地产企业资不抵债，一些地级市的楼盘建设一半就因为资金问题被搁

第六章　地方财政投资支出对房地产影响的非对称性分析

置，虽然房地产的投机需求近期有所下滑，但是购房的刚性需求难以抑制。由于房地产作为当代宏观经济发展主要推动力量地位的削弱，房地产价格高企、楼盘空置以及居民购置房地产受限，这些不合理的经济现象引发了社会和学术界的高度关注。与此同时，非房地产部门的发展态势却一直不佳。此外，地方财政投资支出在对地方经济建设发生积极作用的同时，对房地产行业的热衷，以及对非房地产行业的淡漠，必然对房地产部门和非房地产部门产生非对称性的影响。

国外学者关于非对称性进行了大量研究，财政支出增加所引起的对私人投资或消费"挤出""挤入"效应的学术成果颇丰，研究财政政策效应非对称性的成果不多，探讨地方财政投资支出对房地产部门和非房地产部门效应的非对称性文献更是寥寥无几。Sorensen 和 Yosha[1]认为财政政策的非对称性是由政府机构遵循预算平衡导致的。

同样，国内学者对于非对称性的研究也主要在货币政策上聚焦。主要有两种观点对财政政策非对称性的内涵进行界定：首先，是指在经济周期的各个阶段，财政政策对国内生产总值（GDP）变化的响应不具有一致性。刘金全等[2]研究发现，中国财政收支和预算盈余在经济发展的不同阶段非对称性特征明显。其次，表现为相机抉择的财政政策，中国政府通常采用相机抉择的财政政策，根据经济运行状况，机动灵活地决定和选择逆经济风向行事的财政政策工具实现财政目标。也就是不同类型的财政政策工具，对社会产出和价格所产生的宏观调控效果，存在明显差异。王立勇和李富强[3]认为中国相机抉择财政政策的产出效应呈现明显的非对称性。

房地产周期和经济周期的趋势整体一致，房地产繁盛时期，经济发展形势一片大好，房地产萧条时期，经济发展步步维艰，所以房地产问题的研究变得尤为重要。同时，为了研究中国地方财政投资支出

---

[1] Sorensen B. E., Yosha O., "Is State Fiscal Policy Asymmetric over the Business Cycle?", *Economic Review*, Vol. 86, No. 3, 2001, pp. 43–64.

[2] 刘金全等：《财政政策作用的阶段性和非对称性检验》，《财经科学》2003 年第 1 期。

[3] 王立勇、李富强：《我国相机抉择财政政策效应非对称性的实证研究》，《数量经济技术经济研究》2009 年第 1 期。

对房地产和非房地产部门效应非对称性的传导机制，笔者遵循研究经济冲击传导机制的通常做法，选用动态随机一般均衡（DSGE）框架来研究，是本章的一个创新。另外，目前国内从货币和财政政策角度探讨对房地产影响的文章居多，从地方财政投资支出视角探讨房地产和非房地产部门效应的非对称性文章几乎没有，董昕[①]发现政府对房地产的投资对私人投资具有挤出效应，因此，采用面板向量自回归（PVAR）工具来探讨地方财政投资支出对房地产部门和非房地产部门的非对称性分析，是本章的另一个创新。同时，国内外有关房地产问题的研究中几乎还没有在 DSGE 框架下来讨论地方财政投资支出与房地产问题。

在国外，有关研究房地产的宏观模型主要选取的是 Iacoviello[②] 构建的动态随机一般均衡模型。参照国外通行的房地产宏观模型构建，本章也采用 Iacoviello 的模型进行研究。但本章对此模型作了三方面的拓展：首先，选择财政视角来讨论房地产问题，尤其是有针对性地研究中国相关热点问题。其次，假设房地产产量内生，而不是外生给定，房地产部门是一个生产部门。最后，引入土地要素在生产函数中。目前，中国大多数地方政府的财政资金只能维持国家机关的运转，地方政府财权严重不足，事权支出责任又没有减少，土地财政便成为地方政府弥补财力不足的重要手段，所以在政府收入行为中考虑土地财政。

本章的结构安排如下：第一部分对地方财政投资支出结构与宏观经济变量的数据描述。第二部分实证分析，从各省份地方财政投资支出对房地产价格、居民消费价格指数、房地产投资和非房地产投资冲击的脉冲响应函数角度出发，分析各省份地方财政投资支出对房地产价格、居民消费价格指数、房地产投资额和非房地产投资额影响的规律。第三部分构建一个包含中间品厂商、最终品厂商、没有借贷约束的家庭和有借贷约束的家庭的 DSGE 模型。第四部分涉及模型的参数校准。第五部分着重分析地方财政投资支出冲击的脉冲反应结果，以

---

① 董昕：《政府投资是否导致国进民退——基于中国各地区房地产行业面板数据的研究》，《当代财经》2010 年第 10 期。

② Iacoviello M., "House Prices, Borrowing Constraints, and Monetary Policy in the Business Cycle", *American Economic Review*, Vol. 95, No. 3, 2005, pp. 739–764.

及讨论地方财政投资支出冲击的效应传导机制。第六部分对全章进行总结和说明。

第二节 基于 PVAR 模型的地方财政投资支出对房地产影响的非对称性分析

一 地方财政投资支出结构与宏观经济变量的数据描述

（一）地方财政投资支出的数据描述

20 世纪 90 年代中后期以来，中国的地方财政投资支出就始终位于高速增长阶段。中国政府在 1998 年开始实施积极的财政政策，积极的财政政策往往以扩大公共投资为特征，也进一步说明了中国的地方财政投资支出在社会的进步和经济的发展过程中起到了十分重要的作用，中国的地方财政投资支出在中国的积极财政政策中始终占据主导性地位。本章对全国财政投资支出的考察以 2004 年为起点（见表 6-1、图 6-1）。

表 6-1　　　　2004—2015 年全国财政投资支出　　　　单位：亿元

年份	金额
2004	3254.91
2005	4154.29
2006	4672.00
2007	5857.06
2008	7954.75
2009	12685.73
2010	13012.75
2011	14843.29
2012	18958.66
2013	22305.26
2014	26745.42
2015	30924.28

资料来源：中经网统计数据库。

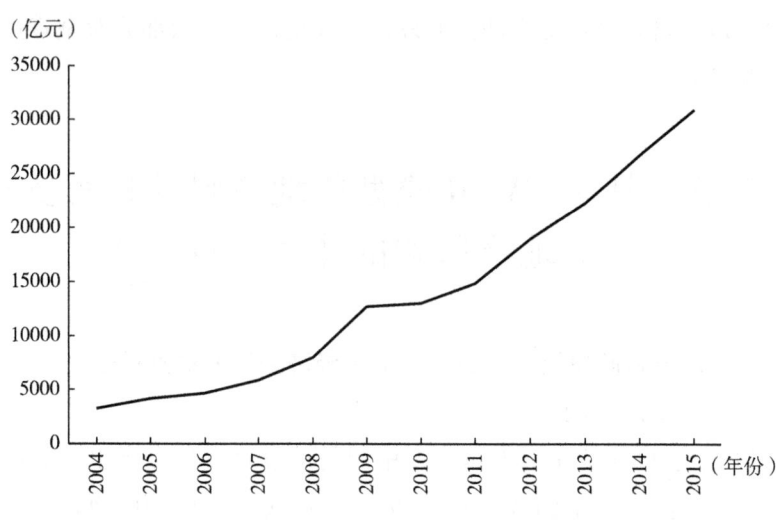

图 6-1　2004—2015 年全国财政投资支出的趋势

资料来源：中经网统计数据库。

从数值上看，中国地方财政投资支出占财政支出的比重在 2004—2015 年的平均值为 13919.00 亿元，2009—2015 年更保持在 20163.00 亿元左右。从变化趋势看，2004—2015 年，中国地方财政投资支出整体呈上升趋势。

（二）主要宏观经济变量的数据描述

由于本章主要探讨地方财政投资支出对房地产部门和非房地产部门的非对称性研究，故从房地产价格、居民消费价格指数（CPI）、房地产部门投资与非房地产部门投资进行分析。下面根据"中经网统计数据库"的数据对上述四个方面的数据加以直观描述，如表 6-2 所示。

表 6-2　全国房地产价格、CPI、房地产投资、非房地产投资

年份	房地产开发企业商品房平均销售价格（住宅）（元/平方米）	居民消费价格指数（上年=100）	全社会固定资产投资完成额（亿元）	非房地产投资（亿元）
2004	2608.00	103.88	70477.43	67222.52
2005	2936.96	105.76	88773.61	84619.32
2006	3119.25	107.31	109998.20	105326.20
2007	3645.18	112.43	137323.90	131466.90

续表

年份	房地产开发企业商品房平均销售价格（住宅）（元/平方米）	居民消费价格指数（上年=100）	全社会固定资产投资完成额（亿元）	非房地产投资（亿元）
2008	3576.00	115.27	172828.40	164873.70
2009	4459.00	114.47	224598.80	211913.00
2010	4725.00	118.27	251683.80	238671.00
2011	4993.17	124.64	311485.10	296641.80
2012	5429.93	127.94	374694.70	355736.10
2013	5850.00	131.29	446294.10	423988.80
2014	5933.00	133.90	512020.70	485275.20
2015	6473.00	135.83	561999.80	531075.60

资料来源：中经网统计数据库。

首先，从图6-2房地产价格的趋势来看，房地产价格整体呈现上升的趋势，除在2007—2008年有局部小幅下跌之外。其次，从图6-3居民消费价格指数的趋势来看，居民消费价格指数呈现整体上升的趋势，2008—2009年小幅下跌。再次，从图6-4房地产投资的趋势来看，房地产投资呈现整体上升的趋势，在2009年上升势头稍有减弱，2010年后又持续上升。最后，从图6-5非房地产投资的趋势来看，非房地产投资呈现持续的上升趋势。

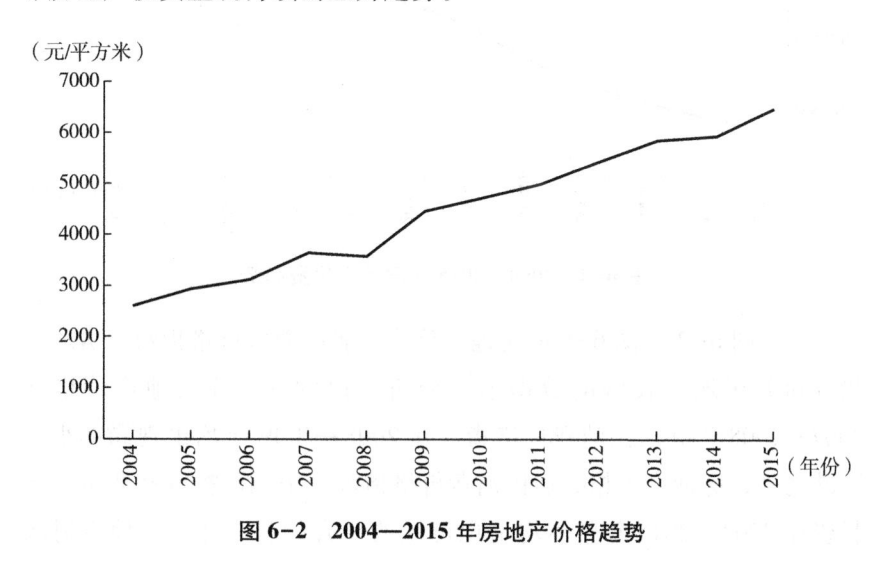

图6-2 2004—2015年房地产价格趋势

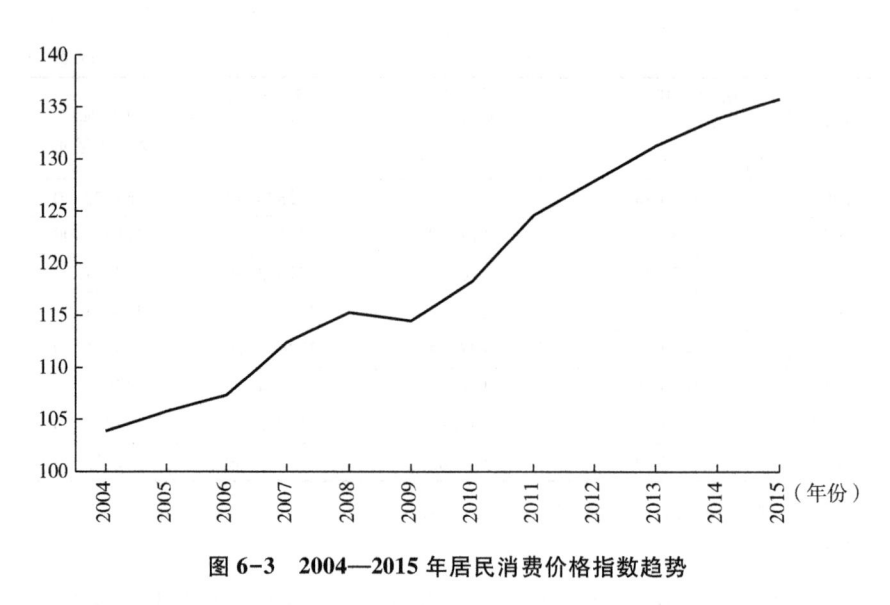

图 6-3　2004—2015 年居民消费价格指数趋势

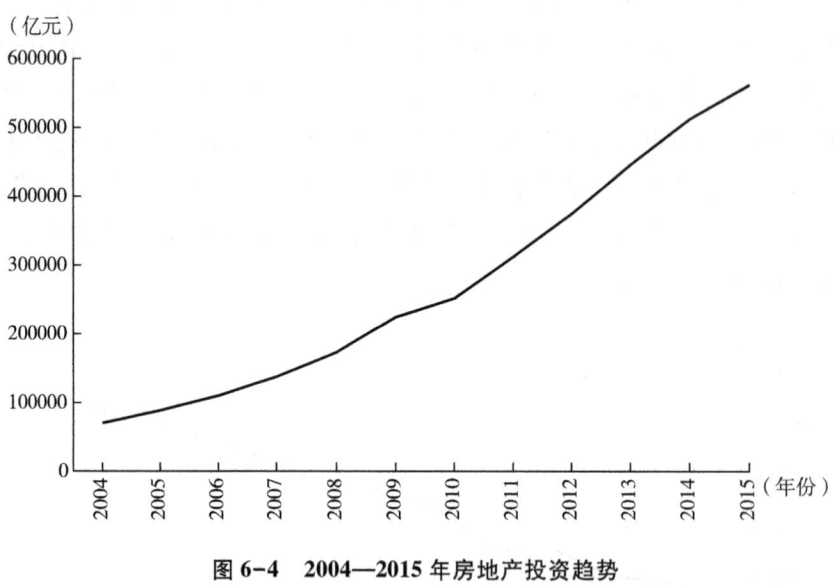

图 6-4　2004—2015 年房地产投资趋势

通过图 6-2 至图 6-5 的房地产价格、居民消费价格指数、房地产投资和非房地产投资的数据描述分析可以发现，除房地产价格在 2007—2008 年和居民消费价格指数在 2008—2009 年均出现局部小幅下跌之外，房地产价格、居民消费价格指数、房地产投资和非房地产投资在 2004—2015 年整体均呈现持续的上升趋势。那么，地方财政

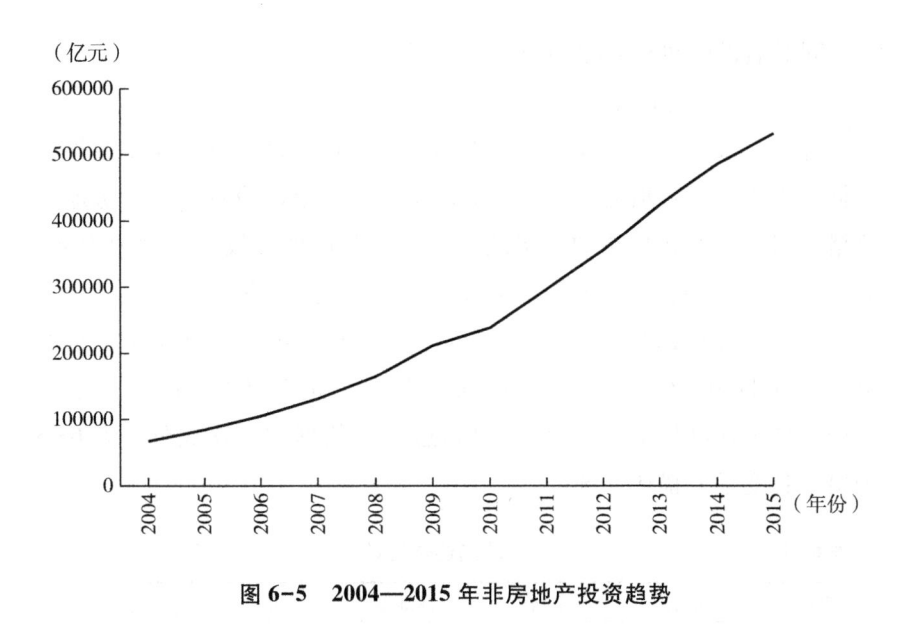

图 6-5 2004—2015 年非房地产投资趋势

投资支出与房地产价格、居民消费价格指数、房地产投资和非房地产投资之间或许存在一定的内在逻辑关系。因此，本章将利用中国 31 个省份的相关数据进行实证检验。

二　实证分析

（一）模型设定

为了揭示地方财政投资支出与房地产部门和非房地产部门之间的内在逻辑关系，本章以 Holtz-Eakin（1998）的非约束性向量自回归模型为基础，创建面板向量自回归模型（PVAR）。模型设定形式见下式：

$$Y_{it} = \Gamma_0 + \sum_{p=1}^{n} \Gamma_p Y_{it-p} + f_i + e_t + u_{it}$$

上式中，$i=1,\cdots,N$，横截面省份的个数为 N，$t=1,\cdots,T$，时间的最大跨度（span）用 T 表示，待估计参数的系数矩阵用 Γ 表示。$Y_{it} = (lngi, lnhp, lncpi, lnhi, lnnhi)$ 表示五个系统变量的五维列向量矩阵，其中，gi、hp、cpi、hi、nhi 分别代表地方财政投资支出、房地产价格、居民消费价格指数、房地产投资、非房地产投资。省级层面的截距效应用 f_i 表示，时间效应用 e_t 表示，随机误差项为

u_{it}，同时假设随机误差项的分布服从正态分布。

（二）数据选取及处理

首先，来看数据选取。采用中国 31 个省份 2004—2015 年的年度数据。由于年度数据无须进行季节调整，地方财政投资支出、房地产价格、居民消费价格指数、房地产投资、非房地产投资分别记为 gi、hp、cpi、hi、nhi，以上数据均来自"中经网统计数据库"。

其次，来看数据处理。对 gi、hp、cpi、hi、nhi 这 5 组数据取自然对数，并将其形式分别记为 $lngi$、$lnhp$、$lncpi$、$lnhi$、$lnnhi$，通过 Eviews 计量软件做 H-P 滤波，得到这 5 组数据的周期成分。表 6-3 列出了各变量的描述性统计。

表 6-3　　　　　　　　　变量的描述性统计

变量	观测值	平均值	标准偏差	最小值	最大值
$lngi$	372	2.27E-10	0.2180993	-1.00929	0.886445
$lnhp$	372	-2.45E-10	0.076768	-0.24679	0.29659
$lncpi$	372	-6.37E-11	0.0141052	-0.04213	0.042514
$lnhi$	372	0.253121	1.403131	-0.92796	8.894081
$lnnhi$	372	-3.17E-11	0.0869956	-0.42744	0.279065

图 6-6 描述了地方财政投资支出、房地产价格、居民消费价格指数、房地产投资与非房地产投资带 95% 置信区间的线性回归线和散点图，可以看出地方财政投资支出与房地产价格、居民消费价格指数、房地产投资、非房地产投资均存在正相关关系，其中地方财政投资支出与非房地产投资具有较强的正相关关系。

（三）单位根检验

本章采用 ADF（Augmented Dickey Fuller）和 PP（Philips-Perron）方法，运用 Stata14.0 计量软件。由于数据为平衡面板数据，通常采用 LLC、HT、Breitung、IPS 四种检验方法，对数据进行面板单位根检验，如表 6-4 所示，$lngi$、$lnhp$、$lncpi$、$lnhi$、$lnnhi$ 的四种检验结果均小于 0.0061，因此可以认为这 5 个变量均通过了平稳性检验，这 5 个变量是一阶单整的。

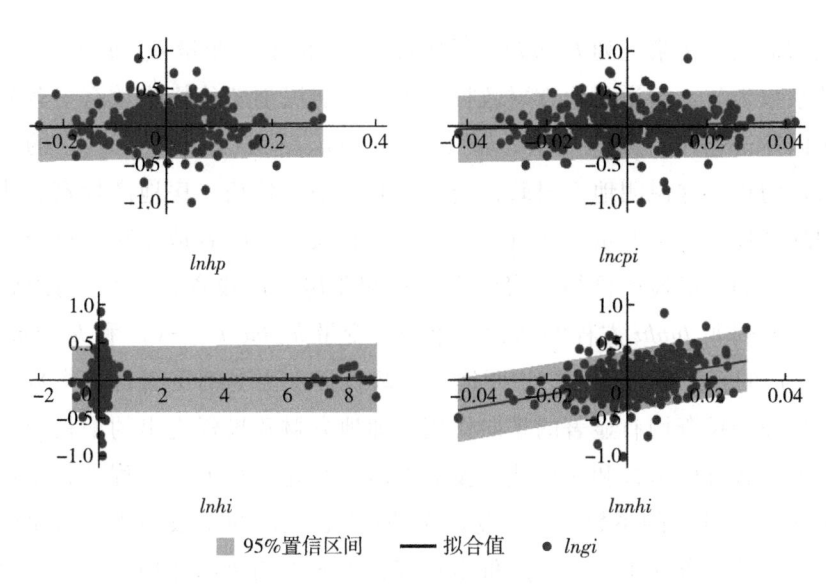

图 6-6 *lnhp*、*lncpi*、*lnhi*、*lnnhi* 与 *lngi* 的散点图

注：纵轴的刻度分别为 -1.0、-0.5、0、0.5、1.0，横轴 lnhp 的刻度分别为 -0.2、0、0.2、0.4，lncpi 的刻度分别为 -0.04、-0.02、0、0.02、0.04，lnhi 的刻度分别为 -2、0、2、4、6、8，lnnhi 的刻度分别为 -0.04、-0.02、0、0.02、0.04。

表 6-4 单位根检验结果一览

检验方法	*lngi* T值	*lngi* P值	*lnhp* T值	*lnhp* P值	*lncpi* T值	*lncpi* P值	*lnhi* T值	*lnhi* P值	*lnnhi* T值	*lnnhi* P值
LLC	-8.6970	0.0000	-6.0512	0.0000	-5.8783	0.0000	-6.0875	0.0000	-4.8388	0.0000
HT	0.3310	0.0000	0.1758	0.0000	0.4538	0.0000	0.7474	0.0024	0.5006	0.0000
Breitung	-6.6106	0.0000	-4.7513	0.0000	-7.9052	0.0000	-1.8087	0.0053	-3.9433	0.0000
IPS	-4.9569	0.0000	-4.3771	0.0000	-3.5681	0.0002	-1.1946	0.0061	-3.0306	0.0012

参数的估计结果如表 6-5 所示。表 6-5 中所估计的第一行的系数显示，代表地方财政投资支出的一阶滞后项 *lngi*（-1）对房地产投资 *lnhi* 的影响在 5% 水平下显著，在 1% 水平下，对自身地方财政投资支出 *lngi* 的影响显著。对第二列 h_*lncpi* 方程的估计结果进行分析，发现变量 h_*lnhp*（-1）和 h_*lncpi*（-1）的系数均为正，这说明地方财政投资支出对房地产价格和居民消费价格指数有显著的正向冲击作用，即地方财政投资支出的增长会带动房地产价格和居民消费价格指

数的提高。在第三列 h_lnhi 方程的估计结果中，变量 h_lncpi (-1) 的系数为负，这说明地方财政投资支出对居民消费价格指数有显著的负向冲击作用，其他变量 $lnhp$ (-1)、$lnhi$ (-1)、$lnnhi$ (-1) 的系数均为正，这说明地方财政投资支出和房地产价格、房地产投资、非房地产投资三个变量之间具有显著的正相关性，随着地方财政投资支出的增加，房地产价格、房地产投资和非房地产投资也会相应提高。在第四列 h_lnnhi 方程的估计结果中，变量 h_lncpi (-1) 和 h_lnnhi (-1) 的系数皆为正，这说明地方财政投资支出对消费者价格指数和非房地产投资均有显著的正向作用，即地方财政投资支出的增长会带动消费者价格指数和非房地产投资提高。第五列 h_lngi 方程中，变量 h_lnhp (-1) 的系数为负，变量 h_lncpi (-1) 的系数为正，这说明地方财政投资支出对房地产价格具有较为显著的负向作用，地方财政投资支出对居民消费价格指数具有显著的正向作用，即地方财政投资支出的增长会使房地产价格降低、居民消费价格指数提高。因此，地方财政投资支出对房地产价格、居民消费价格指数、房地产投资和非房地产投资表现为非对称的单项关系。

表 6-5　　　　　　　　面板向量自回归的 GMM 估计结果

变量	h_lnhp 方程	h_lncpi 方程	h_lnhi 方程	h_lnnhi 方程	h_lngi 方程
h_lngi (-1)	0.016 (0.732)	-0.005 (0.100)	0.056** (0.015)	0.005 (0.800)	0.425*** (0.000)
h_lnhp (-1)	0.379*** (0.000)	0.053*** (0.000)	0.254** (0.016)	-0.061 (0.138)	-0.329* (0.076)
h_lncpi (-1)	0.101 (0.676)	0.198*** (0.000)	-1.051*** (0.007)	1.578*** (0.000)	5.886*** (0.000)
h_lnhi (-1)	-0.018 (0.348)	-0.004 (0.488)	0.862*** (0.000)	-0.014 (0.365)	-0.067 (0.186)
h_lnnhi (-1)	0.229*** (0.000)	0.012 (0.223)	0.174*** (0.009)	0.736*** (0.000)	0.186 (0.280)

注：***、**、*分别表示 1%、5%、10%的显著性水平；圆括号内数据为 p 值；根据 AIC 信息准则选择滞后阶数。

（四）脉冲响应分析

为了进一步分析地方财政投资支出、房地产价格、居民消费价格指数、房地产投资和非房地产投资之间的动态关系，本章利用蒙特卡洛方法，以 PVAR 模型为基础，模拟 AR（1）的脉冲反应函数，对地方财政投资支出冲击模拟 200 次，得到脉冲响应分析，如图 6-7 所示。

（a）地方财政投资支出对房地产价格的脉冲响应函数

（b）地方财政投资支出对居民消费者价格指数的脉冲响应函数

（c）地方财政投资支出对非房地产投资的脉冲响应函数

（d）地方财政投资支出对房地产投资的脉冲响应函数

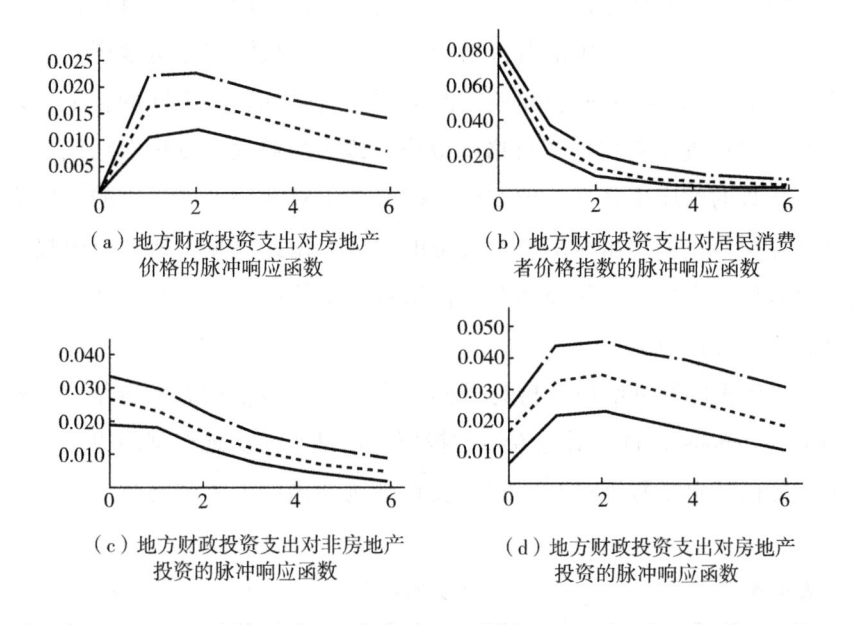

图 6-7　脉冲响应分析

图 6-7 反映地方财政投资支出（$lngi$）对房地产价格、居民消费价格指数、非房地产投资和房地产投资的动态冲击效应。由图 6-7（a）可以看出，在一个标准差的地方财政投资支出冲击下，房地产价格在当期大幅增加，在第一期和第二期保持平稳，第二期后缓慢下降，在第六期左右收敛到 0。图 6-7（b）显示，给地方财政投资支出一个标准差冲击，居民消费价格指数在当期到第一期有小幅上升，在第一期至第三期保持小幅下降，第三期后缓慢增长，在第六期左右收敛到 0。图 6-7（c）显示，给地方财政投资支出一个标准差冲击，非

房地产投资亦得到增加，不过增加幅度放缓。图6-7（d）显示，在一个标准差的地方财政投资支出冲击下，房地产投资在当期到第二期会有一个较强的正向效应，第二期之后对房地产投资的影响较为稳定。

总的来看，地方财政投资支出正向冲击对房地产价格、房地产投资和非房地产投资有显著的正向促进作用，对居民消费价格指数的影响整体有正向的促进作用，局部有负向的阻碍作用。地方财政投资支出对房地产价格、居民消费价格指数、房地产投资和非房地产投资效应的影响，无论是时间长短还是波动幅度均呈现显著不同的特征，地方财政投资支出对房地产价格的效应比地方财政投资支出对居民消费价格指数的效应更强烈，地方财政投资支出对非房地产投资的效应大于地方财政投资支出对房地产投资的效应。由此可见，地方财政投资支出对房地产价格、居民消费价格指数、房地产投资和非房地产投资具有非对称性效应。

以所做的脉冲响应分析为基础，本章进一步借助方差分解（variance decomposition），对地方财政投资支出冲击对房地产部门以及非房地产部门的贡献程度进行考察。表6-6为所做的方差分解结果。

表6-6　　　　　　　　方差分解结果

变量	期数	lngi	lnhp	lncpi	lnhi	lnnhi
lngi	1	1.000	0.000	0.000	0.000	0.000
lnhp	1	0.000	1.000	0.000	0.000	0.000
lncpi	1	0.006	0.000	0.994	0.000	0.000
lnhi	1	0.002	0.049	0.012	0.937	0.000
lnnhi	1	0.114	0.003	0.005	0.005	0.873
lngi	2	0.874	0.006	0.118	0.000	0.002
lnh	2	0.016	0.953	0.000	0.000	0.031
lncpi	2	0.006	0.053	0.937	0.001	0.002
lnhi	2	0.018	0.091	0.007	0.880	0.004
lnnhi	2	0.125	0.002	0.063	0.004	0.807
lngi	5	0.813	0.008	0.167	0.004	0.009

续表

变量	期数	lngi	lnhp	lncpi	lnhi	lnnhi
lnhp	5	0.038	0.838	0.023	0.001	0.100
lncpi	5	0.007	0.070	0.899	0.003	0.020
lnhi	5	0.070	0.115	0.013	0.762	0.040
lnnhi	5	0.119	0.010	0.119	0.003	0.748
lngi	10	0.805	0.008	0.167	0.008	0.012
lnhp	10	0.039	0.806	0.031	0.006	0.119
lncpi	10	0.008	0.070	0.892	0.005	0.026
lnhi	10	0.098	0.122	0.033	0.654	0.093
lnnhi	10	0.115	0.012	0.127	0.008	0.738

根据表6-6可以发现，对地方财政投资支出进行向前1期的预测，其预测方差完全来自地方财政投资支出本身。即使向前作10期的预测，也依然有80.5%的预测方差来自地方财政投资支出本身，其余的0.8%、16.7%、0.8%、1.2%分别来自房地产价格、居民消费价格指数、房地产投资、非房地产投资。这意味着，地方财政投资支出主要受其自身的影响，变量非房地产投资和房地产价格的作用相对较小，变量居民消费价格指数和房地产投资的作用最小。

对房地产价格进行向前1期的预测，其预测方差完全来自房地产价格本身。即使向前作10期的预测，也依然有80.6%的预测方差来自房地产价格本身，其余的3.9%、3.1%、0.6%、11.9%分别来自地方财政投资支出、居民消费价格指数、房地产投资、非房地产投资。这意味着，房地产价格主要受自身的影响，变量非房地产投资和居民消费价格指数的影响次之，变量地方财政投资支出和房地产投资的影响最小。

向前对居民消费价格指数进行1期的预测，居民消费价格指数的预测方差有99.4%来自其本身。即使向前作10期的预测，也依然有89.2%的预测方差来自居民消费价格指数本身，其余的0.8%、7%、0.5%、2.6%分别来自地方财政投资支出、房地产价格、房地产投资、非房地产投资。这意味着，居民消费价格指数主要受自身的影响，变量地方财政投资支出和房地产价格的影响次之，变量非房地产投资和房地产投资的影响最小。

对房地产投资进行向前1期的预测，其预测方差有93.7%来自房地产投资本身。即使向前作10期的预测，也依然有65.4%的预测方差来自房地产投资本身，其余的9.8%、12.2%、3.3%、9.3%分别来自地方财政投资支出、房地产价格、居民消费价格指数、非房地产投资。这意味着，房地产投资主要受其自身的影响，变量非房地产投资和房地产价格的影响相对不强烈，变量居民消费价格指数和地方财政投资支出的影响最不强烈。

对非房地产投资进行向前1期的预测，其预测方差有87.3%来自非房地产投资本身。即使向前作10期的预测，也依然有73.8%的预测方差来自非房地产投资本身，其余的11.5%、1.2%、12.7%、0.8%分别来自地方财政投资支出、房地产价格、居民消费价格指数、房地产投资。这意味着，非房地产投资主要受自身的影响，变量居民消费价格指数和地方财政投资支出的影响次之，变量房地产价格和房地产投资的影响最小。

总之，随着预测期的推移，地方财政投资支出的预测方差中，地方财政投资支出自身扰动，通常会引起地方财政投资支出自身部分的百分比出现缓慢下降，不是地方财政投资支出的变量（房地产价格、居民消费价格指数、房地产投资和非房地产投资）扰动所引起的部分的百分比则缓慢增加。其他变量的预测方差规律也是如此，预测方差中由自身扰动所引起的部分的百分比，通常都是呈现缓慢下降的趋势，非自身变量扰动所引起的部分的百分比，通常会呈现缓慢上升的趋势。

三 稳健性检验

为了保证PVAR模型检验结果的可靠性，笔者对书中房地产价格、房地产投资对地方财政投资支出的脉冲响应、方差分解结果进行了稳健性检验，主要采用改变变量和改变样本容量的稳健性检验方法。首先，改变变量方面，主要通过引入国内生产总值、税收等变量，考察房地产价格、房地产投资对地方财政投资支出的脉冲响应情况。其次，改变样本容量方面，受数据的可得性限制，扩大样本容量的手段通常是不可行的,只能采取缩小样本容量的手段,缩小样本容量为原来数据的 2/3,考察房地产价格、房地产投资对地方财政投资支出的脉冲响应情况。通过以上两种稳定性检验的方法,发现两种方法得到的脉冲响应结果与正文中的脉冲响应、方差分解结果基本一致,因而可以推断出本章 PVAR 模型的实证结论具有较强的稳健性。

第三节 基于 DSGE 模型的地方财政投资支出对房地产影响的非对称性分析

一 地方财政投资支出与房地产的 DSGE 模型构建

(一)模型的经济背景考察

这部分将在 DSGE 模型分析框架中,按照国内研究通常做法,主要引入垄断竞争、黏性价格、地方财政投资支出的正外部性、居民消费习惯或习惯形成(Habit Formation)、投资调整成本、融资约束等不完全竞争因素,分析中国地方财政投资支出对房地产和非房地产部门效应的非对称性。同时,高然和龚六堂[1]参照 Iacoviello[2]、Iacoviello 和 Neri[3],以及 Liu 等[4]的模型,建立一个比较贴合中国实际的 DSGE 模型,探讨中国土地财政对宏观经济波动的影响。王频和侯成琪[5]也在 Iacoviello[6] 的模型基础上,建立包含消费品和房地产部门的具有中国特征的 DSGE 模型,研究预期对住房价格和宏观经济总量的效应。由

---

[1] 高然、龚六堂:《土地财政、房地产需求冲击与经济波动》,《金融研究》2017 年第 4 期。

[2] Iacoviello M., "House Prices, Borrowing Constraints, and Monetary Policy in the Business Cycle", *American Economic Review*, Vol. 95, No. 3, 2005, pp. 739-764.

[3] Iacoviello M., Neri S., "Housing Market Spillovers: Evidence from an Estimated DSGE Model", *American Economic Journal: Macroeconomics*, Vol. 2, No. 22, 2010, pp. 125-164.

[4] Liu Z., et al., "Land-price Dynamics and Macroeconomic Fluctuations", *Econometrica*, Vol. 81, No. 3, 2013, pp. 1147-1184.

[5] 王频、侯成琪:《预期冲击、房价波动与经济波动》,《经济研究》2017 年第 4 期。

[6] Iacoviello M., "House Prices, Borrowing Constraints, and Monetary Policy in the Business Cycle", *American Economic Review*, Vol. 95, No. 3, 2005, pp. 739-764.

此可见，在 Iacoviello①的模型分析框架下，同时参照王文甫等②，引入中国的一些非完全竞争因素对中国房地产市场问题研究具有解释性或匹配性，这意味着借用他的模型分析框架具有一定的合理性。

（二）经济主体的行为

1. 最终品厂商的行为

假设该厂商在价格水平 P^w 生产出总产品，总产品通过使用劳动、房屋、资本以及土地生产出来，总生产函数设定为 C-D 形式：

$$Y_t = A_t K_{1t-1}^{\mu} h_{t-1}^{\nu} N_t'^{\alpha\varphi} N_t''^{(1-\alpha)\varphi} L_{1t}^{(1-\mu-\nu-\varphi)} \tag{6.1}$$

Y_t 表示总产出，A_t 表示技术水平，K_{1t-1} 表示资本要素投入，h_{t-1} 表示厂房或房地产也作为一种投入要素，N' 表示来自没有借款约束家庭的劳动要素投入，土地要素用于最终品厂商的投入为 L_{1t}，来自有借款约束家庭的劳动要素投入为 N''。N' 和 N'' 作为投入要素之间的权重大小为 α，产出对土地的弹性大小为 $1-\mu-\nu-\varphi$，μ 为产出对资本的弹性，ν 为产出对房地产的弹性，φ 表示产出对劳动的弹性大小。

假设企业也有消费行为，企业选择 P_t 作为消费品和投资品的价格水平，它们分别被价格水平 P_t 扣除得到实际值。同时假定 $P^w/P = 1/X$，X 表示加成的稳态值，$w = W/P$ 为实际工资。厂商的最大化问题如下：

$$\max_{B_t, I_t, K_t, h_t, N_t', N_t'', L_{1t}} E_t \sum_{t=0}^{\infty} \gamma^t \ln c_t \tag{6.2}$$

预算约束条件参照下式，

$$\frac{Y_t}{X_t} + b_t = c_t + q_t(h_t - h_{t-1}) + \frac{R_{t-1}}{\pi_t} b_{t-1} + w_t' N_t' + w_t'' N_t'' + I_t + \xi_{K,t} + \xi_{e,t} \tag{6.3}$$

在此，加成（markup）表示为 X_t，该厂商向金融中介借贷的债务为 b_t，企业的消费为 c_t，企业的投资为 I_t，房地产的价格水平为 q_t，最终品厂商的房地产数量是 h_t，毛利率的大小表示为 R_t，w_t' 表示该厂商付给没有约束家庭的工资水平，而 w_t'' 表示该厂商付给有约束家庭的

---

① Iacoviello M., "House Prices, Borrowing Constraints, and Monetary Policy in the Business Cycle", *American Economic Review*, Vol. 95, No. 3, 2005, pp. 739-764.

② 王文甫等：《政府支出的外部性、信贷约束与房地产波动》，《世界经济文汇》2017年第2期。

工资水平，通货膨胀率用 $\pi_t = P_t/P_{t-1}$ 表示。

同时，做该厂商借款受到预算约束的假设，该预算约束为厂商房屋资产的名义总价值，其形式如下：

$$R_t b_t \leq m_t q_{t+1} h_{t+1} \pi_{t+1} \tag{6.4}$$

此处 m_t 表示借款毛收益的名义值不能超过房屋资产名义总价值的比值。

资本积累方程如下：

$$K_t = I_t + (1-\delta) K_{t-1} - \xi_{K,t} \tag{6.5}$$

在此，$\xi_{K,t}$ 表示厂商资本积累的调整成本。

$$\xi_{K,t} = \frac{\psi_K}{2\delta}\left(\frac{I_t}{K_{t-1}} - \delta\right)^2 K_{t-1} \tag{6.6}$$

同时，假设该厂商对使用的房屋，存在大小为 $\xi_{e,t}$ 的调整成本，调整成本的函数形式设定为式（6.7）：

$$\xi_{e,t} = \frac{\psi_H}{2\delta}\left(\frac{h_t - h_{t-1}}{h_{t-1}}\right)^2 h_{t-1} \tag{6.7}$$

在此，假设地方财政投资支出对房地产产生正外部性，于是笔者假设房地产部门的生产函数为：

$$YH_t = K_{2t-1}^{\alpha_h} L_{2t}^{1-\alpha_h} G_t^{\varphi} \tag{6.8}$$

式（6.8）中，YH_t 为房地产的产量，K_{2t-1} 表示用在房地产生产的资本，L_{2t} 是土地投入，地方财政投资支出为 G_t，因为房地产是资本密集型的，于是忽略了劳动投入。同时，假设地方财政投资支出对房地产部门有正外部性效应，于是将地方财政投资支出引入该生产函数，产出对资本投入要素的弹性大小为 α_H，产出对土地投入要素的弹性大小为 $1 - \alpha_H$。

假设房地产的积累方程如式（6.9）所示：

$$HS_t = YH_t + (1-\delta) HS_{t-1} \tag{6.9}$$

式（6.9）中，HS_t 表示房屋存量，δ 表示房屋的折旧率，假设最终产品、房地产生产的边际资本回报分别为 MK_{1t}、MK_{2t}，假设最终产品、房地产生产的边际资本回报分别为 ML_{1t}、ML_{2t}。在市场均衡时 $MK_{1t} = MK_{2t}$。

两个均衡条件为：$K_{1t}+K_{2t}=K_t$，$L_{1t}+L_{2t}=L$ （6.10）

在这里假设土地有两种用途：一部分 L_{1t} 被最终厂商作为投入要素使用；另一部分 L_{2t} 被房地产部门作为投入要素使用。

综上所述，通过求解该企业的利润最大化问题，分别得到 B_t、I_t、K_t、h_t、L'_t、L''_t 的一阶条件：

$$\frac{1}{c_t}=E_t\left(\frac{\gamma R_t}{\pi_{t+1}c_{t+1}}\right)+\lambda_t R_t \tag{6.11}$$

$$u_t=\frac{1}{c_t}\left[1+\frac{\psi}{\delta}\left(\frac{I_t}{K_{t-1}}-\delta\right)\right] \tag{6.12}$$

$$u_t=\gamma\frac{1}{c_{t+1}}\left[\frac{\psi}{\delta}\left(\frac{I_{t+1}}{K_t}-\delta\right)\frac{I_{t+1}}{K_t}-\frac{\psi}{2\delta}\left(\frac{I_{t+1}}{K_t}-\delta\right)^2\right]+\gamma\left[\frac{\mu Y_{t+1}}{c_{t+1}X_{t+1}K_t}+u_{t+1}(1-\delta)\right] \tag{6.13}$$

$$\frac{1}{c_t}q_t=E_t\left[\frac{\gamma}{c_{t+1}}\left(\nu\frac{Y_{t+1}}{X_{t+1}h_t}+q_{t+1}\right)+\lambda_{t+1}m_t\pi_{t+1}q_{t+1}\right] \tag{6.14}$$

$$w'_t=\frac{\alpha(1-\mu-\nu)Y_t}{X_tN'_t} \tag{6.15}$$

$$w''_t=\frac{(1-\alpha)(1-\mu-\nu)Y_t}{X_tN''_t} \tag{6.16}$$

2. 中间品厂商的行为

假设最终产品的生产函数为不变替代弹性形式（CES）$Y_t=\left(\int_0^1 Y_t(i)^{\varepsilon-1/\varepsilon}di\right)^{\varepsilon/\varepsilon-1}$，价格指数为 $P_t=\left(\int_0^1 P_t(i)^{1-\varepsilon}di\right)^{1/1-\varepsilon}$，于是可得到每个零售厂商面对的需求曲线：$Y_t(i)=(P_t(i)/P_t)^{-\varepsilon}Y_t$。

按照 DSGE 通常做法，设定中间产品的名义价格为黏性，假设每一期有（$1-\theta$）概率的厂商可允许调整价格，θ 概率的厂商保持价格不变，同时与时间和厂商独立。因此，中间品厂商的最优化问题表述如下：

$$\max E_t\sum_{k=0}^{\infty}\theta^k\Lambda_{t,k}\left\{\left(\frac{P_t(i)-X_t}{P_t}\right)Y_{t+k}(i)\right\} \tag{6.17}$$

$$\text{s.t. } Y_t(i)=(P_t(i)/P_t)^{-\varepsilon}Y_t \tag{6.18}$$

式中，X_t 是中间厂商的成本加成（Markup），它的利润 $F_t=(1-1/X_t)Y_t$ 最终归具有耐心的家庭所有。

3. 没有借贷约束的家庭行为

家庭为了实现效用最大化，会选择 c'_t 用于消费，h'_t 为拥有的房屋量，同时持有 M'_t/P 的货币量以及 N'_t 的劳动供给。

$$\max_{B'_t,h'_t,N'_t,M'_t/P_t} E_0 \beta^t \left(\log c'_t + j'_t \log h'_t - \frac{(N'_t)^{\eta'}}{\eta'} + \chi \ln \frac{M'_t}{P_t} \right) \quad (6.19)$$

在这里，假定 $\beta > \gamma$，消费者预算约束如下：

$$c'_t + q_t(h'_t - h'_{t-1}) + \frac{R_{t-1}}{\pi_t} b'_{t-1} = b'_t + w'_t N'_t + F_t + \left(-\frac{M'_t - M'_{t-1}}{P_t} + T'_t \right) +$$
$$\kappa ML_1 L_1 + \vartheta' \vartheta ML_2 L_2 \quad (6.20)$$

式（6.20）中，c'_t 表示该类型家庭的消费水平，b'_t 表示该类型家庭的债务水平，F_t 表示消费者因中间品厂商拥有权而获得的红利，政府对该家庭的转移支付为 T'，M'_t 表示家庭拥有的货币存量，$ML_1 L_1$ 表示用于生产产品的土地收入，这都归家庭所有。没有约束的家庭得到的份额假定为 κ，$ML_2 L_2$ 表示土地用于房地产生产的土地收入，家庭得到份额假设为 ϑ，而政府得到份额为 $1-\vartheta$，于是家庭得到由于房地产使用的土地而获得收入 $\vartheta ML_2 L_2$，为此假设没有约束的家庭该收入份额为 ϑ'，于是有约束的家庭该收入份额为 $1-\vartheta'$。

求解消费者最优化问题可以得到优化条件：

$$\frac{1}{c'_t} = E_t \left(\frac{\beta R_t}{\pi_{t+1} c'_{t+1}} \right) \quad (6.21)$$

$$\frac{q_t}{c'_t} = \frac{j'_t}{h'_t} + \beta E_t \left(\frac{q_t}{c'_{t+1}} \right) \quad (6.22)$$

$$\frac{w'_t}{c'_t} = (N'_t)^{\eta'-1} \quad (6.23)$$

4. 有借贷约束的家庭行为

这类家庭选择 c''_t 作为消费量、h''_t 为房屋拥有量、M''_t 为货币持有量和劳动供给量 N''_t 来最大化效用水平：

$$\max_{B''_t,h''_t,L''_t,M''_t/P_t} E_0 \beta''^t \left(\log c''_t + j''_t \log h''_t - \frac{(N''_t)^{\eta''}}{\eta''} + \chi \ln \frac{M''_t}{P_t} \right) \quad (6.24)$$

在这里，假定 $\beta'' < \beta$，该家庭的预算约束和借款约束如下：

$$c_t'' + q_t(h_t'' - h_{t-1}'') + \frac{R_{t-1}}{\pi_t} b_{t-1}'' = b_t'' + w_t'' N_t'' + \left[-\frac{M_t'' - M_{t-1}''}{P_t} + T_t''\right] +$$
$$(1-\kappa) ML_1 L_1 + \vartheta'' \vartheta ML_2 L_2 \quad (6.25)$$

$$R_t b_t'' = E_t(m_t'' q_{t+1} h_t'' \pi_{t+1}) \quad (6.26)$$

式中，c_t''表示有借贷约束家庭的消费水平，b_t''为该家庭的债务水平，T_t''是政府对该家庭的转移支付，M_t'表示该类型家庭拥有的货币存量。

关于B_t''、h_t''、L_t''的一阶条件为：

$$\frac{1}{c_t''} = E_t\left(\frac{\beta'' R_t}{\pi_{t+1}} \frac{1}{c_{t+1}''}\right) + \lambda_t R_t \quad (6.27)$$

$$\frac{q_t}{c_t''} = \frac{j_t''}{h_t''} + E_t\left(\frac{\beta q_t}{c_{t+1}'} + \lambda_t'' m_t'' q_{t+1} \pi_{t+1}\right) \quad (6.28)$$

$$\frac{w_t''}{c_t''} = (N_t'')^{\eta''-1} \quad (6.29)$$

（三）均衡条件和随机冲击

1. 市场与均衡条件

首先，是房地产市场。

$$HS_1 = h_t + h_t' + h_t'' \quad (6.30)$$

其次，是产品市场。

$$Y_t + YH_t + R_t ML_1 L_1 + \vartheta ML_2 L_2 = c_t + c_t' + c_t'' + I_t \quad (6.31)$$

最后，是债券市场。

$$0 = b_t + b_t' + b_t'' \quad (6.32)$$

给定政府约束条件。

$$G_t = T_t + (1-\vartheta) ML_{2t} L_{2t} \quad (6.33)$$

最终厂商和两个消费者共有三个约束条件，在此选择两个，因为根据瓦尔拉斯法则（Walras Law），两个条件满足就意味着第三个也成立。

$$\frac{Y_t}{X_t} + (1-\delta) K_{t-1} - K_t - c_t + b_t = q_t(h_t - h_{t-1}) + \frac{R_{t-1}}{\pi_t} b_{t-1} + w_t' N_t' + w_t'' N_t'' \quad (6.34)$$

$$c_t'' + q_t(h_t'' - h_{t-1}'') + \frac{R_{t-1}}{\pi_t} b_{t-1}'' = b_t'' + w_t'' N_t'' + (1-\kappa) R_t ML_1 L_1 + \vartheta'' \vartheta ML_2 L_2$$

$$(6.35)$$

2. 货币规则以及随机冲击

$$\hat{R}_t = (1-r_r)(r_\pi \hat{\pi}_t + r_y \hat{Y}_t) + r_r \hat{R}_{t-1} + \hat{\varepsilon}_{r,t} \tag{6.36}$$

假设政府收入冲击、地方财政投资支出冲击和技术冲击均服从 AR（1）的形式：

$$\hat{T}_t = \rho_A \hat{T}_{t-1} + \hat{\varepsilon}_{T,t}, \quad \hat{G}_t = \rho_G \hat{G}_{t-1} + \varepsilon_{Gt}, \quad \hat{A}_t = \rho_A \hat{A}_{t-1} + \hat{\varepsilon}_{A,t}$$

二 参数校准

（一）居民偏好参数

无借贷约束的家庭效用主观贴现率 β，参照梁斌和李庆云[①]，取值为 0.9926。有借贷约束的家庭效用主观贴现率 β_2，依据 Iacoviello[②]，取值为 0.95。同时，假设两种消费者具有相同的劳动供给弹性 η，依据王云清等[③]，对它们取值为 1.5126，地方财政投资支出对家庭具有外溢效应，按照黄赜琳[④]，针对政府对家庭作用取该系数值为 α_G 为 0.37。

（二）厂商生产参数

依据 Iacoviello[⑤]，最终产品厂商的效用主观贴现值 γ 取值 0.98。最终产品厂商产出对资本的弹性系数 μ 大小取值为 0.26。最终产品厂商产出对劳动的弹性大小 ν 为 0.03。王云清等调整成本弹性系数 ψ 为 4.4166。参照陈昆亭和龚六堂[⑥]，资本折旧率 δ 取值 0.025。依据 Iacoviello[⑦]，中间品厂商的稳态加成值 X 为 1.05。α_E 的大小为 0.37，依据陈昆亭和龚六堂，取中间品厂商保持价格刚性的比率 θ 为 0.60。

[①] 梁斌、李庆云：《中国房地产价格波动与货币政策分析：基于贝叶斯估计的动态随机一般均衡模型》，《经济科学》2011 年第 3 期。

[②] Iacoviello M., "House Prices, Borrowing Constraints, and Monetary Policy in the Business Cycle", *American Economic Review*, Vol. 95, No. 3, 2005, pp. 739–764.

[③] 王云清等：《中国房地产市场波动研究——基于贝叶斯估计的两部门 DSGE 模型》，《金融研究》2013 年第 3 期。

[④] 黄赜琳：《中国经济周期特征与财政政策效应——一个基于三部门 RBC 模型的实证分析》，《经济研究》2005 年第 6 期。

[⑤] Iacoviello M., "House Prices, Borrowing Constraints, and Monetary Policy in the Business Cycle", *American Economic Review*, Vol. 95, No. 3, 2005, pp. 739–764.

[⑥] 陈昆亭、龚六堂：《粘滞价格模型以及对中国经济的数值模拟——对基本 RBC 模型的改进》，《数量经济技术经济研究》2006 年第 8 期。

[⑦] Iacoviello M., "House Prices, Borrowing Constraints, and Monetary Policy in the Business Cycle", *American Economic Review*, Vol. 95, No. 3, 2005, pp. 739–764.

没有借贷约束家庭提供的劳动对最终产品生产劳动贡献的权重 α 为 0.64。

在房地产厂商的生产函数中，假设只有资本和土地这两种投入要素，中国资本对产出的比重一般取值 0.50 附近，而且中国房地产是资本密集型的，因此在中国房地产函数中资本对收入的弹性大小应该在 0.50 以上，为此笔者假设房地产产出对资本投入的弹性 α_H 为 0.60，而房地产产出对土地投入的弹性 $1-\alpha_H$ 取值为 0.40，同时，假设地方财政投资支出对房地产经济具有正外部性影响，在此笔者假定产出对地方财政投资支出的产出弹性 β_H 为 0.35。

(三) 政策偏好参数

泰勒规则中利率的权重 r_r，依据梁斌和李庆云[1]，文中设定为 0.75。通货膨胀的权重 r_π 取值 2.60。产出的权重 r_x 取值为 0.60。笔者将地方财政投资支出占产出比重 G/Y 取值为 0.20。地方财政投资支出冲击的 AR (1) 系数 ρ_G，参照王文甫和王子成[2]的做法，设定为 0.57，σ_G 取值为 3.76%。

综合以上分析，居民偏好参数、厂商生产参数和政策偏好参数的校准值汇总如表 6-7 所示。

表 6-7 参数校准值

β	β_2	η	α_G	γ	μ	ν	ψ	δ	X	α_E
0.99	0.95	1.01	0.37	0.98	0.26	0.03	4.42	0.03	1.05	0.37
θ	α	α_H	β_H	r_r	r_π	r_x	G/Y	ρ_G	σ_G	
0.60	0.64	0.60	0.35	0.75	2.60	0.60	0.20	0.57	3.76%	

三 脉冲反应的结果分析及其传导机制

(一) 地方财政投资支出冲击脉冲反应的结果分析

根据以上参数校准值进行模拟，分别得到房地产价格、非房地产

---

[1] 梁斌、李庆云：《中国房地产价格波动与货币政策分析：基于贝叶斯估计的动态随机一般均衡模型》，《经济科学》2011 年第 3 期。

[2] 王文甫、王子成：《积极财政政策与净出口：挤入还是挤出？——基于中国的经验与解释》，《管理世界》2012 年第 10 期。

投资、居民消费价格指数、房地产投资对地方财政投资支出的动态响应图形，其中 qhat 表示房地产价格、Ihat 表示非房地产投资、phat 表示居民消费价格指数、Hhat 表示房地产投资，分别如图 6-8 和图 6-9 所示。

图 6-8 中，首先，分析房地产价格对地方财政投资支出的响应。房地产价格在当期大约下降 12%，以较快的速度上升，在第 4 期左右达到峰值，上升大约 4%，第 5 期后房地产价格逐渐下降，在第 14 期以后收敛到稳态附近。其次，对地方财政投资支出对非房地产投资的影响进行观察。非房地产投资当期大约下降 37%，以较快的速度上升，在第 6 期左右达到峰值 0.02，以较缓的速度下降，在第 15 期左右收敛到稳态附近。

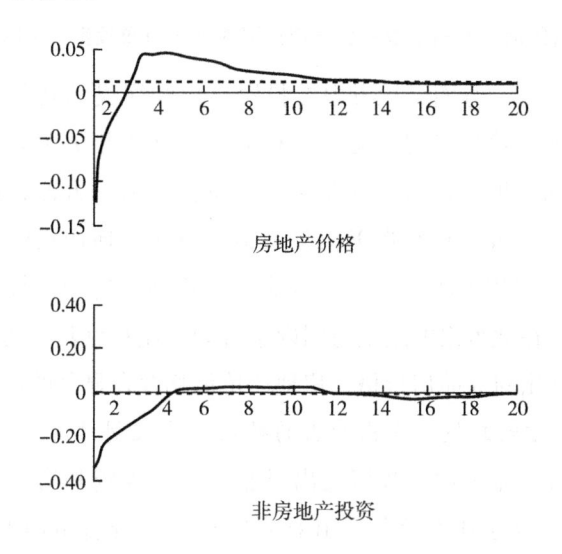

图 6-8 房地产价格和非房地产投资对地方财政投资支出的动态响应

图 6-9 中，首先，观察地方财政投资支出对居民消费价格指数的影响。居民消费价格指数在当期以较快的速度下降，在第 6 期左右达到拐点，大约下降了 50%，第 10 期以后保持一个比较稳定的值。其次，说明地方财政投资支出对房地产投资的影响，房地产投资在当期以较快的速度增长，在第 8 期左右达到峰值 0.035，以较缓的速度下降，在第 100 期左右收敛到稳态附近。

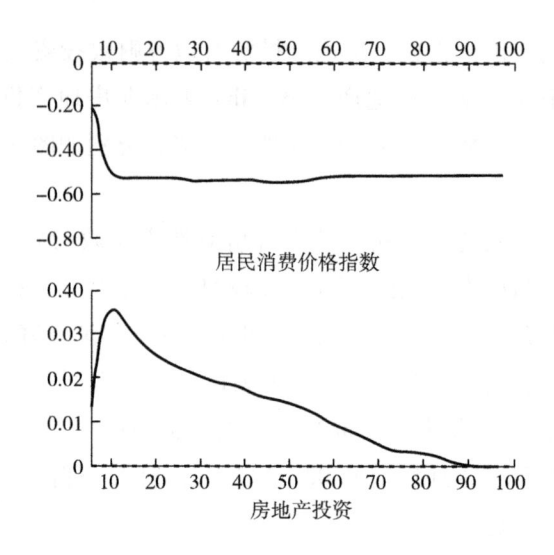

图6-9　居民消费价格指数和房地产投资对地方财政投资支出的动态响应

总的来看，一方面，地方财政投资支出和居民消费价格指数强负相关，对房地产价格表现为初期负相关、后期正相关关系，对居民消费价格指数和房地产价格呈现非对称性特征。另一方面，地方财政投资支出和房地产投资具有强正相关关系，对非房地产投资表现为起初负相关、之后正相关的关系，对房地产投资和非房地产投资也呈现非对称性特征。在此得出的结论与国内学者的主流观点基本吻合，地方地方财政投资支出对商品房价格、房地产价值均存在显著的正面影响。

（二）地方财政投资支出冲击的效应传导机制讨论

首先，分析地方财政投资支出对非房地产投资和房地产投资的效应传导机制。地方财政投资支出对非房地产投资有负向的阻碍作用，第5期后产生正向的促进作用，在第15期左右收敛到稳态附近。地方财政投资支出促进房地产投资持续增加，第7期之前促进作用效果明显，第7期之后促进作用减缓，在第100期左右收敛到稳态附近。这主要是因为地方财政投资支出会使消费者和房地产企业的行为产生一正一负的效应。郭庆旺和贾俊雪[1]认为，地方财政投资支出规模具

---

[1] 郭庆旺、贾俊雪：《财政分权、政府组织结构与地方政府支出规模》，《经济研究》2010年第11期。

第六章　地方财政投资支出对房地产影响的非对称性分析

有显著的非对称性现象，财政收支分权是导致这一非对称性现象的主要原因。李永友[①]认为，中央财政支出政策的调控效果具有显著的非对称性。我们可以从两个方面来分析地方财政投资支出对消费者和房地产企业行为一正一负的效应。首先，是正外部性。一般地方财政投资支出对消费者和企业具有一定的正外部性。公共领域是地方财政投资支出的主要范围，包括基础设施和公益性项目投资。刘生龙和胡鞍钢[②]发现政府作为投资主体对基础设施进行投资，消费者对房地产的需求和房地产企业对房地产的供给均产生正效应。其次，是负财富效应，因为作为政府融资方式的税收和公债水平的提高，主要源于地方财政投资支出的增加，引起非房地产投资和房地产投资下降。

其次，分析地方财政投资支出对房地产价格和居民消费价格指数的效应传导机制。地方财政投资支出对房地产价格在第 2 期之前是负相关关系，在第 2 期之后变为正相关关系，第 15 期左右收敛到稳态值。地方财政投资支出和居民消费价格指数整体负相关，在第 6 期左右达到拐点，第 10 期以后保持一个比较稳定的值。地方财政投资支出对房地产价格的促进作用，也主要得益于地方财政投资支出的正外部性，由于地方财政投资支出侧重于公益项目和基础设施建设，房地产周边基础设施自然会受到地方财政投资支出的正外部性影响而受益，居民居住环境的美化必然导致房地产价格进一步提升。地方财政投资支出和居民消费价格指数负相关，表明从消费情况来看，尽管地方财政投资支出的政策刺激不断加大，由于房地产价格长期以来居高不下，居民的理性收入预期比较低，导致居民缺少充足的消费理由。中国的经济发展从源泉上缺乏消费和民间投资的内生动力，主要源于地方财政投资支出资金没有真正意义上进入相关领域，实体经济的地方财政投资支出资金流入严重不足，一部分地方财政投资支出资金进入了比较热的楼市和股市等领域。中国的居民消费价格指数依然处在

---

① 李永友：《多级政府体制下财政支出政策的调控效果：理论与实证》，《数量经济技术经济研究》2009 年第 1 期。
② 刘生龙、胡鞍钢：《基础设施的外部性在中国的检验：1988—2007》，《经济研究》2010 年第 3 期。

通货紧缩区域内，居民没有足够的动力去扩大消费。因此，地方财政投资支出对房地产价格和居民消费价格指数效应的非对称性影响由地方财政投资支出正外部性、居民理性收入预期降低综合而成，从而表现出，地方财政投资支出增加的同时会导致房地产价格长期呈增长趋势，居民消费价格指数整体下降。

综上所述，可概括地方财政投资支出对房地产和非房地产部门效应的非对称性传导机制如下：首先，地方财政投资支出增加后，会通过四个渠道对房地产发生作用，分别是地方财政投资支出的正外部效应、土地财政、负财富效应和居民理性收入预期，在中国，负财富效应和居民理性收入预期的负效应小于地方财政投资支出的正外部性和土地财政所表现出来的正效应，结果表现为，地方财政投资支出增加促进了房地产投资和非房地产投资上升。其次，地方财政投资支出的正外部性大概小于负财富效应和居民理性收入预期的放大效应产生的负效应，引起房地产价格进一步上升的同时，居民消费价格指数下降，进一步表明地方财政投资支出对房地产和非房地产部门效应具有非对称性的影响。上述传导机制表明，在中国地方财政投资支出对房地产和非房地产部门效应非对称性的传导机制中，地方财政投资支出的正外部性、负财富效应、居民理性收入预期以及土地财政担当重要角色。

第四节　本章小结

本章通过中国地方财政投资支出对房地产部门和非房地产部门效应非对称性的PVAR实证分析，得出主要经验结论：地方财政投资支出正向冲击对房地产价格、房地产投资和非房地产投资有显著的正向促进作用，对居民消费价格指数有不太显著的正向促进作用。同时，通过引入垄断竞争和价格黏性等非完全竞争因素，在动态随机一般均衡（DSGE）模型框架内，探讨地方财政投资支出对房地产部门和非房地产部门效应的非对称性。模拟结果发现：地方财政投资支出除了和居民消费价格指数呈现明显负相关，以及和房地产投资强正相关外，对房地产价格、非房地产投资均表现为初期负相关、后期正相关的关系，呈现非对称性。

虽然本章的实证部分采用面板向量自回归（PVAR）模型，较好地解释了中国地方财政投资支出对房地产价格、居民消费价格指数、非房地产投资和房地产投资宏观效应的特征事实，但是，本章主要从地方财政投资支出总量方面去探讨地方财政投资支出对房地产部门和非房地产部门效应的非对称性，并没有就地方财政投资支出结构对中国房地产部门和非房地产部门做进一步的研究。同时，由于中国地区经济发展不平衡性意味着地方经济存在一定的内在异质性，这必然影响到地方财政投资支出对房地产的效应形成机制，这些问题是将来进一步的研究方向。

中国地域辽阔，存在31个省份，每个省份的经济发展水平和自然条件禀赋又存在较大差异。同时，中国的地区分布又可以分为发达的东部地区、较发达的中部地区和欠发达的西部地区，中国的东中西部地区经济发展水平、自然条件禀赋同样存在较大差异，且中国政府对东中西部地区的政策制定也存在较大差异。因此，第七章将从省际差异和东中西部的地区差异探讨地方财政投资支出对房地产价格、房地产投资的影响。

第七章

地方财政投资支出对房地产影响的省际差异性实证分析

第一节 引言

资产配置不公平所导致的收入分配不公,已经成为社会不稳定的极大诱因。近期,住房投机需求虽然遭遇国家行政限购的干预,除购房数量上出现短期下降之外,购房价格却难以得到根本意义上的管控,依然居高不下。长期以来,中国实行的都是积极的财政政策,过分强调大政府的作用,在经济下行的不利背景下,国家通过刺激性的财政政策来促进经济发展。

过热的房地产投资导致一些房地产企业资不抵债,一些地级市的楼盘建设一半就因为资金问题被搁置,虽然房地产的投机需求有所收敛,但是购房的刚性需求难以抑制。由于房地产作为当代宏观经济发展主要推动力量地位的削弱,房地产价格高企、楼盘空置、居民购置房地产受限,这些不合理的经济现象引发了社会和学术界的高度关注。

第七章　地方财政投资支出对房地产影响的省际差异性实证分析

国外学者对房地产的研究大多涉及货币政策和金融领域[1][2][3]，将房地产和地方财政投资支出方面结合起来的研究却少之又少。Alessandro 等[4]通过构建一个有抵押品约束和价格黏性的两部门 DSGE 模型，研究货币政策冲击的传导如何受房地产财政结构影响。

同样，国内学者梁云芳和高铁梅[5]、梁斌和李庆云[6]及史永东和陈日清[7]对房地产的研究，也主要集中在货币政策和金融领域。国内对房地产和财政政策的研究主要有两个方面：一方面，是通过实证分析探讨财政政策对房地产的效应。如张莹和刘波[8]分析了财政政策对中国房地产投资行为的影响。踪家峰等[9]探讨了地方财政投资支出水平与商品房平均销售价格之间的关系。吕炜和刘晨晖[10]研究了房地产投机泡沫受财政政策影响的作用机制。另一方面，是较少的理论和实证结合起来探讨财政政策对房地产的效应。周彬和杜两省[11]认为"土地财政"对房地产价格上涨具有推动作用。黄少安等[12]通过揭示"租税替代"原理，探讨了财政收入与房地产之间的关系。

---

[1] Iacoviello M., "House Prices, Borrowing Constraints, and Monetary Policy in the Business Cycle", *American Economic Review*, Vol. 95, No. 3, 2005, pp. 739–764.

[2] Davis M. A., Jonathan H., "Housing And The Business Cycle", *International Economic Review*, Vol. 46, No. 3, 2005, pp. 751–784.

[3] Fisher J. D. M., "Why Does Household Investment Lead Business Investment over the Business Cycle?", *Journal of Political Economy*, Vol. 115, No. 1, 2007, pp. 141–168.

[4] Alessandro C., et al., "Housing Finance and Monetary Policy", European Central Bank Working Paper, 2009, No. 1069.

[5] 梁云芳、高铁梅：《中国房地产价格波动区域差异的实证分析》，《经济研究》2007年第 8 期。

[6] 梁斌、李庆云：《中国房地产价格波动与货币政策分析：基于贝叶斯估计的动态随机一般均衡模型》，《经济科学》2011 年第 3 期。

[7] 史永东、陈日清：《不确定性条件下的房地产价格决定：随机模型和经验分析》，《经济学（季刊）》2008 年第 1 期。

[8] 张莹、刘波：《货币政策、财政政策对我国投资行为影响的实证分析》，《财贸经济》2009 年第 5 期。

[9] 踪家峰等：《中国财政支出资本化与房地产价格》，《财经科学》2010 年第 11 期。

[10] 吕炜、刘晨晖：《财政支出、土地财政与房地产投机泡沫——基于省际面板数据的测算与实证》，《财贸经济》2012 年第 12 期。

[11] 周彬、杜两省：《"土地财政"与房地产价格上涨：理论分析和实证研究》，《财贸经济》2010 年第 8 期。

[12] 黄少安等：《租税替代、财政收入与政府的房地产政策》，《经济研究》2012 年第 8 期。

如前所述，常用于地方财政投资支出效应研究的方法大致可概括为 VAR 类模型以及 DSGE 模型，VAR 类模型及 DSGE 模型建立在各省级相互不相关假设基础之上，同时需要建立多个 VAR 类模型及 DSGE 模型来描述各省级的异质性，近年来大部分文献将共同相关效应估计（Common Correlation Effect，CCE）处理截面相关的方法，应用于单变量动态异质或同质的面板回归估计中，本章将借鉴 CCE 方法来分别讨论动态异质且截面相关的 PSVAR 模型的估计。

本章结构安排如下：第一部分介绍动态异质且截面相关的 PSVAR 模型的设定，对共同相关效应估计方法也进行了简要介绍。第二部分实证分析，从各省份房地产价格、房地产投资对地方财政投资支出冲击的脉冲响应函数角度出发，分析各省份地方财政投资支出对房地产影响的规律，是否存在显著差异以及其存在差异的原因。第三部分对全章进行总结。

第二节 基于 PSVAR 模型的地方财政投资支出对房地产影响的模型设定

参照 Ilzetzki 等[①]的研究，同时在林桐和王文甫[②]研究的基础上，本章构建有关地方财政投资支出和房地产价格以及房地产投资之间关系的方程，如式（7.1）所示。

$$Ay_{it} = \Gamma_1 y_{i,t-1} + \cdots + \Gamma_p y_{i,t-p} + \lambda_i + \varepsilon_{it} \tag{7.1}$$

式中，$y_{it} = (fe_{it}, hp_{it}, hi_{it})'$包含三个内生变量的列向量，其中 fe_{it} 为地方财政投资支出，hp_{it} 为房地产价格，hi_{it} 为房地产投资，地区用 i 表示，年份用 t 表示，个体固定效应用 λ_i 表示，滞后阶数用 p 表示。A 为矩阵形式，对 y_{it} 中两个内生变量的即期关系进行描述，Γ_1，

[①] Ilzetzki E., et al., "How Big (Small?) are Fiscal Multipliers?", *Journal of Monetary Economics*, Vol. 60, No. 2, 2013, pp. 239–254.

[②] 林桐、王文甫：《我国省际政府支出乘数有差异性吗》，《经济理论与经济管理》2017 年第 5 期。

Γ_2,…,Γ_p 描述地方财政投资支出、房地产价格以及房地产投资这三个变量之间的动态关系。ε_{it} 为扰动项,满足扰动项的期望 $E(\varepsilon_{it})=0$,同时满足 $E(\varepsilon_{it}\varepsilon'_{it})=I$。式(7.1)其实就是 Michaud 和 Van Soest[1]、Mitchell 和 Weale[2] 最先提出的,这里假设各系数矩阵 A,Γ_1,…,Γ_p 不随时间以及个体的不同而不同,扰动项之间不存在截面相关性,即 $E(\varepsilon_{it}\varepsilon'_{jt})=0(i\neq j)$。

本章将在式(7.1)的基础上引入各省份经济发展中可能具有的较大差异性以及相依性,进而探讨各省份地方财政投资支出对房地产价格、房地产投资的影响,所以,本章设定的动态异质且截面相关的模型如式(7.2)所示。

$$A_i y_{it} = \Gamma_{i,1} y_{i,t-1} + \cdots + \Gamma_{i,p} y_{i,t-p} + \lambda_i + \varepsilon_{it} \tag{7.2}$$

式(7.2)与 Michaud 和 Van Soest[3] 及 Ilzetzki 等[4]的传统 PSVAR 模型存在以下两方面的差异:

一是体现异质性。各省份之间的异质性,可以分为静态异质与动态异质。静态异质主要通过个体固定效应 λ_i 来反映,指不随时间变化的异质性。动态异质更多表现为省级之间动态响应的显著性、传导路径等方式的不同,因此矩阵 A_i,$\Gamma_{i,1}$,…,$\Gamma_{i,p}$ 对于不同省级,i 取不同的值,A_i,$\Gamma_{i,1}$,…,$\Gamma_{i,p}$ 的取值不再是一成不变的。

二是体现相依性。式(7.2)具有截面相关性,即 ε_{it} 不满足

---

[1] Michaud P., Soest A., "Health and Wealth of Elderly Couples: Causality Tests Using Dynamic Panel Data Models", *Journal of Healthy Economics*, Vol. 27, No. 5, 2008, pp. 1312-1325.

[2] Mitchell J., Weale M., "The Rationality and Reliability of Expectations Reported by British Households: Micro Evidence from the British Household Panel Survey", National Institute of Economic and Social Research, Economic Studies Discussion Paper, No. 19, 2007.

[3] Michaud P., Soest A., "Health and Wealth of Elderly Couples: Causality Tests Using Dynamic Panel Data Models", *Journal of Healthy Economics*, Vol. 27, No. 5, 2008, pp. 1312-1325.

[4] Ilzetzki E., et al., "How Big (Small?) are Fiscal Multipliers?", *Journal of Monetary Economics*, 2013, 60 (2) pp. 239-254.

$E(\varepsilon_{it}\varepsilon_{jt}')=0(i\neq j)$,Pesaran[①] 和 Bai[②] 等利用共同因子的思想,对面板回归模型的截面相关性进行研究。随机扰动项 $\varepsilon_{it}=(\varepsilon_{g,it},\varepsilon_{2,it})'$ 中,存在地方财政投资支出冲击 $\varepsilon_{g,it}$,随机扰动项 ε_{it} 可以做以下分解,如式(7.3)所示。

$$\varepsilon_{it}=\Lambda_i\bar{\varepsilon}_t+\tilde{\varepsilon}_{it} \tag{7.3}$$

式(7.3)中,$\tilde{\varepsilon}_{it}=(\tilde{\varepsilon}_{g,it},\tilde{\varepsilon}_{2,it})'$ 称为异质性冲击或特有冲击,表示来自各省级自身的结构冲击,一般认为满足:$E(\tilde{\varepsilon}_{it}\tilde{\varepsilon}_{jt})=0(i\neq j)$,即各省级的异质性冲击只对自身有影响。$\bar{\varepsilon}_t=(\bar{\varepsilon}_{g,t},\bar{\varepsilon}_{2,t})'$ 表示共同冲击,代表同时影响各省级的结构冲击,$E(\bar{\varepsilon}_t\bar{\varepsilon}_t')=I$,由于存在共同冲击导致各省级经济变量不仅受到来自自身冲击的影响,同时还受到来自全国层面或区域层面共同冲击的影响。因子载荷矩阵 $\Lambda_i=diag(\lambda_{g,i},\lambda_{2,i})$,反映了共同冲击对各省份的不同影响程度。

第三节 基于 PSVAR 模型的地方财政投资支出对房地产影响的模型估计

因为式(7.2)存在截面相关性,传统的 PSVAR 模型的估计方法不再适用,需要构建新的估计工具。根据对共同因子寻找代理变量的方式不同又可分为共同相关效应估计(CCE)及主成分估计(PC)两种,本章主要采用 CCE 的估计思路,在动态异质面板模型中描述异质性冲击和共同冲击的效应。

共同相关效应估计的估计思路,是将因变量与回归变量的加权值,作为不可预测共同因子的代理变量。Pesaran[③] 在截面相关估计

[①] Pesaran M. H., "Estimation and Inference in Large Heterogeneous Panels with Cross Section Dependence", CESifo Working Paper Series, 2006, No. 869.

[②] Bai J., "Panel Data Models with Interactive Fixed Effects", *Econometrica*, Vol. 77, No. 4, 2009, pp. 1229–1279.

[③] Pesaran M. H., "Estimation and Inference in Large Heterogeneous Panels with Cross Section Dependence", CESifo Working Paper, No. 869, 2006.

中，针对一般静态异质面板回归模型，应用共同相关效应估计。Chudik 和 Pesaran[①] 将共同相关效应估计进行了扩展，在单变量动态异质面板回归模型的截面相关中也得到应用。

本部分将讨论如何在动态异质面板结构向量自回归 PSVAR 模型中，引入共同相关效应估计思路，具体步骤可以分为以下五步：

第一步，为消去式（7.2）中的个体效应，令 $z_{it}=\Delta y_{it}-\Delta \bar{y}_i$，则式（7.2）的简约型形式（reduced form）为：

$$z_{it}=\prod_{i,1} z_{i,t-1}+\cdots+\prod_{i,p} z_{i,p}+u_{it} \tag{7.4}$$

其中，$\prod_{i,k}=A_i^{-1}\Gamma_{i,k}$, $u_{it}=A_i^{-1}\varepsilon_{it}$ （7.5）

$\hat{\prod}_{i,1},\cdots,\hat{\prod}_{i,p}$ 是对式（7.4）通过进行估计，从而得到的参数估计值，$\hat{u}_{i,t}$ 为残差序列。

第二步，式（7.2）的结构向量自回归（SVAR）形式，如式（7.6）所示。

$$z_{it}=A_i(L)\varepsilon_{it} \tag{7.6}$$

其中，$A_i(L)=\sum_{s=0}^{\infty}A_{i,s}L^s$。对式（7.6）各变量基于截面维度取其均值得：

$$\bar{z}_t=N_t^{-1}\sum_{i=1}^{N_t}z_{it}=N_t^{-1}\sum_{i=1}^{N_t}A_i(L)(\Lambda_i\bar{\varepsilon}_t+\tilde{\varepsilon}_{it})$$

$$=\left(N_t^{-1}\sum_{i=1}^{N_t}A_i(L)\Lambda_i\right)\bar{\varepsilon}_t+N_t^{-1}\sum_{i=1}^{N_t}A_i(L)\tilde{\varepsilon}_{it} \tag{7.7}$$

当 $N_t\to\infty$ 时，$N_t^{-1}\sum_{i=1}^{N_t}A_i(L)\tilde{\varepsilon}_{it}\to 0$，因此式（7.7）可等价为式（7.8）：

$$\bar{z}_t=\bar{A}(L)\bar{\varepsilon}_t \tag{7.8}$$

由式（7.8）可得：$\bar{\varepsilon}_t=\bar{A}(L)^{-1}\bar{z}_t=\sum_{l=0}^{\infty}\delta'_{it}\bar{z}_{t-l}$

[①] Chudik A., Pesaran M. H., "Common Correlated Effects Estimation of Heterogeneous Dynamic Panel Data Models with Weakly Exogenous Regressors", *Journal of Econometrics*, Vol. 188, No. 2, 2015, pp. 393-420.

其中，$\bar{A}(L) = N_t^{-1} \sum_{i=1}^{N_t} \bar{A}_i(L)$，$\bar{A}_i = A_i(L)\Lambda_i$。 (7.9)

第三步，将式（7.9）代入式（7.4）得：

$$z_{it} = A_i^{-1}\Gamma_{i,1}z_{i,t-1} + \cdots + A_i^{-1}\Gamma_{i,p}z_{i,p} + A_i^{-1}\sum_{l=0}^{p_T}\Lambda_i\delta'_{il}\bar{z}_{t-l} + e_{it}$$

(7.10)

式（7.10）中，p_T 设置为 $T^{\frac{1}{3}}$ 的整数值，在 e_{it} 中放入截面均值 p_T+1 之后的滞后值和其他异质性冲击。在式（7.10）的基础上，利用广义最小二乘法（GLS），可以得到式（7.4）的待估参数 $W_i = [\Pi_{i1}, \cdots, \Pi_{ip}]$：

$$\hat{W}'_i = (X'_i M_q X_i)^{-1}(X'_i M_q Y_i) \quad (7.11)$$

其中，$X_{it} = [z'_{it-1}, \cdots z'_{it-p}]'$，$X_i = [X_{i,p+1}, \cdots, X_{i,T}]'$，$Y_i = [z_{i,p+1}, \cdots, z_{i,T}]'$，投影矩阵

$$M_q = I - \bar{Q}(\bar{Q}'\bar{Q})^{-1}\bar{Q}', \quad \bar{Q} = \begin{bmatrix} \bar{z}'_{p+1} & \cdots & \bar{z}'_{p+1-p_T} \\ \vdots & \ddots & \vdots \\ \bar{z}'_T & \cdots & \bar{z}'_{T-p_T} \end{bmatrix}。$$

第四步，基于式（7.11）可以得到式（7.4）参数估计值 $\hat{\Pi}_{i,1}, \cdots, \hat{\Pi}_{i,p}$，残差序列的方差协方差矩阵 $\hat{\Omega}_{i,u}$。由 $u_{it} = A_i^{-1}\varepsilon_{it}$ 得：

$$\Omega_{i,u} = A_i^{-1} A_i^{-1'} \quad (7.12)$$

国外学者对如何设定地方财政投资支出的识别条件，进行了大量的讨论，如 Blanchard 和 Perotti[①]、Kim 和 Roubini[②] 等。参照 Blanchard

---

① Blanchard O., Perotti R., "An Empirical Characterization of the Dynamic Effects of Changes in Government Spending and Taxes on Output", *Quarterly Journal of Economics*, Vol. 107, No. 4, 2002, pp. 1329–1368.

② Kim S., Roubini N., "Exchange Rate Anomalies in the Industrial Countries: A Solution with a Structural VAR Approach", *Journal of Monetary Economics*, Vol. 45, No. 3, 2000, pp. 561–586.

和 Perotti[①]，本章将结构矩阵设定为式（7.13）：

$A_i = \begin{bmatrix} a_{11}^i & 0 \\ a_{21}^i & a_{22}^i \end{bmatrix}$，通过最小化式（7.13）得到 $\hat{A}_i$：

$$\ln L_c(A_i) = -\frac{kT}{2}\ln(2\pi) + \frac{T}{2}\ln|A_i|^2 - \frac{T}{2}tr(A_i^T A_i \hat{\Omega}_{i,u}) \quad (7.13)$$

第五步，根据式（7.5），可以得到：

$$z_{it} = A_i(L)\varepsilon_{it} = A_i(L)(\Lambda_i\bar{\varepsilon}_t + (I - \Lambda_i\Lambda_i')^{1/2}\tilde{\varepsilon}_{it}^*) \quad (7.14)$$

式（7.14）中，$\tilde{\varepsilon}_{it} = (I - \Lambda_i\Lambda_i')^{1/2}\tilde{\varepsilon}_{it}^*$，$\Omega_{i,\tilde{\varepsilon}^*} = I$。$A_i(L)\Lambda_i$ 表示各省份共同冲击的脉冲响应函数，$A_i(L)(I - \Lambda_i\Lambda_i')^{1/2}$ 表示各省份异质性冲击脉冲响应函数。

第四节 实证研究

一 数据选择和处理

首先，来看数据的选取。采用中国 31 个省份[②]的年度数据，时间跨度为 1999—2015 年。由于年度数据无须进行季节调整，房地产价格、房地产投资、地方财政投资支出分别记为 hp、hi、fe，数据主要来源于"中经网统计数据库"。其次，来看数据处理。先对 hp、hi、fe 这三组年度数据取自然对数，记为 $lnhp$、$lnhi$ 和 $lnfe$，再用 H-P 滤波剔除这三组年度数据的趋势成分，保留其波动成分。

表 7-1 列出了各变量的统计描述，可以发现 $lnhp$ 的平均值、最小值和最大值均为最大，$lnhp$ 的标准误差最小。图 7-1 描述了房地产价

---

① Blanchard O., Perotti R., "An Empirical Characterization of the Dynamic Effects of Changes in Government Spending and Taxes on Output", *Quarterly Journal of Economics*, Vol. 107, No. 4, 2002, pp. 1329-1368.

② 中国共有 31 个省份，包括东部地区的北京、天津、河北、辽宁、上海、江苏、浙江、福建、山东、广东、广西、海南，共 12 个省份。中部地区的山西、内蒙古、吉林、黑龙江、安徽、江西、河南、湖北、湖南，共 9 个省份。西部地区的重庆、四川、贵州、云南、西藏、陕西、甘肃、青海、宁夏、新疆，共 10 个省份。

格、房地产投资与地方财政投资支出带95%置信区间的线性回归线和散点图，可以看出房地产价格以及房地产投资对地方财政投资支出均存在较强的正相关关系。

表7-1　　　　　　　　　　　变量的描述性统计

变量	观测值	平均值	标准误差	最小值	最大值
lnhp	27	8.023677	0.637942	6.709304	10.027160
lnhi	27	6.122108	1.676281	-0.235722	9.052337
lnfe	27	6.964318	1.131397	3.902579	9.459370

地方财政投资支出 $lnfe$ 在31个省份的时间趋势，结果如图7-2所示。

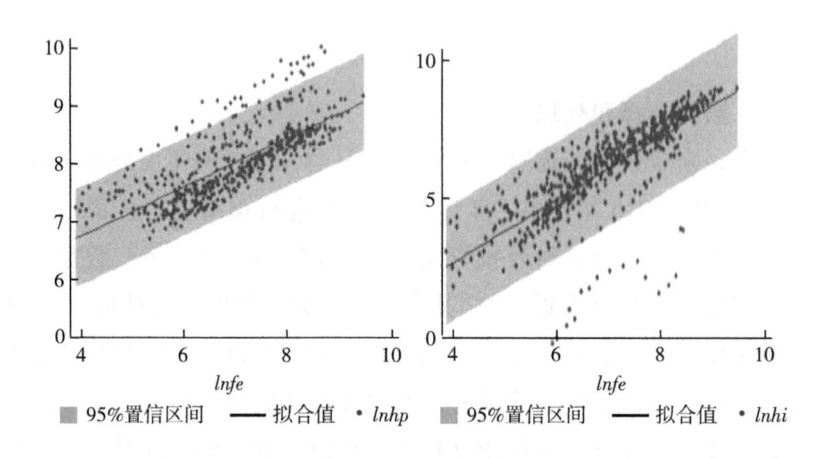

图7-1　*lnhp*、*lnhi* 与 *lnfe* 的散点

由图7-2可以看出，不同省份的地方财政投资支出 $lnfe$ 的时间趋势不尽相同，有些省份很平稳（如北京市、广东省、山东省等），有些省份波动较大（如重庆市、辽宁省、海南省等）。

因为数据为平衡面板数据，所以采用LLC、HT、Breitung和IPS四种检验方法，进行面板单位根检验，结果如表7-2所示，通过LLC、

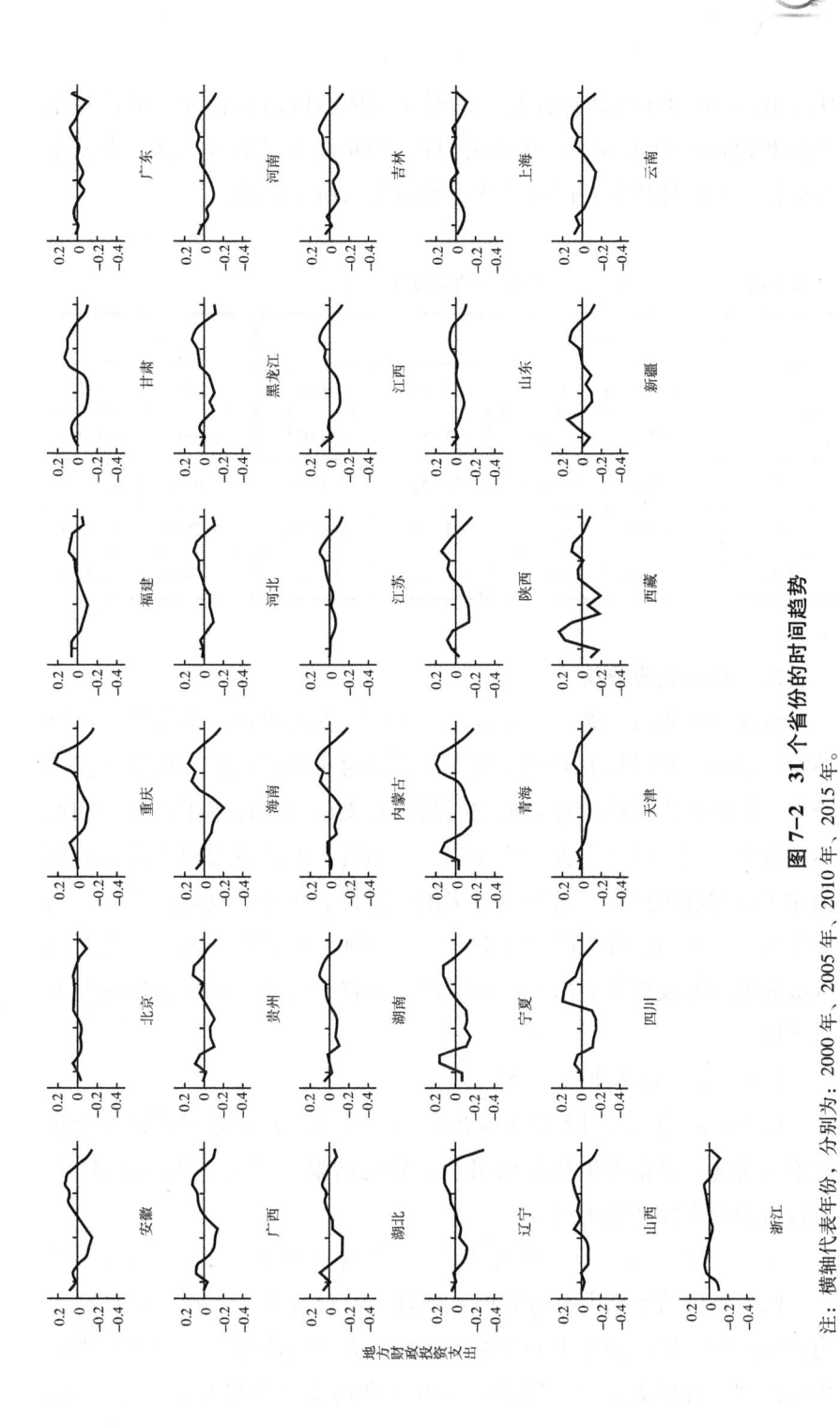

第七章 地方财政投资支出对房地产影响的省际差异性实证分析

图 7-2　31 个省份的时间趋势

注：横轴代表年份，分别为：2000 年、2005 年、2010 年、2015 年。

HT、Breitung 和 IPS 四种检验,发现这四种单位跟检验方法的检验结果的 P 值均小于 0.0020,因而可以认为 *lnhp*、*lnhi* 和 *lnfe* 这 3 个变量均通过了平稳性检验,因此这 3 个变量是二阶单整的。

表 7-2　　　　　　　　　单位根检验结果一览

检验方法	*lnhp*		*lnhi*		*lnfe*	
	T 值	P 值	T 值	P 值	T 值	P 值
LLC	-4.8752	0.0000	-3.0630	0.0011	-5.8803	0.0000
HT	0.2905	0.0000	0.5544	0.0000	0.4612	0.0000
Breitung	-3.6111	0.0002	-3.9063	0.0000	-4.2976	0.0000
IPS	-2.5684	0.0000	-2.1816	0.0020	-2.5410	0.0000

二　脉冲响应分析

本部分将从两方面进行分析:一方面,直接比较分析各省级的脉冲响应结果,并以地方财政投资支出是否对房地产价格、房地产投资产生显著影响为基础,得到地方财政投资支出冲击作用于产出的四组不同效果类别,以辽宁省、江苏省、云南省、河北省为四组代表分别描述了地方财政投资支出冲击对房地产价格、房地产投资的影响。另一方面,为了与已有文献进行对比,又分别分析了东中西部三大经济区域的地方财政投资支出冲击对房地产价格、房地产投资的影响及其差异性。

(一)各省份脉冲响应分析

面对正向的地方财政投资支出冲击,可以得到地方财政投资支出政策对房地产价格发生作用两组有差异的结果,图 7-3 揭示了 31 个省份所处的不同效果类别。

1. 房地产价格对地方财政投资支出呈现先下降后上升,然后下降

此类效果的组别中包含陕西、浙江、海南等 8 个省份。以辽宁省为例做具体分析,面临 1% 的地方财政投资支出冲击,辽宁省房地产价格即期没有显著影响,随后滞后 0.5 期房地产价格开始缓慢上升,

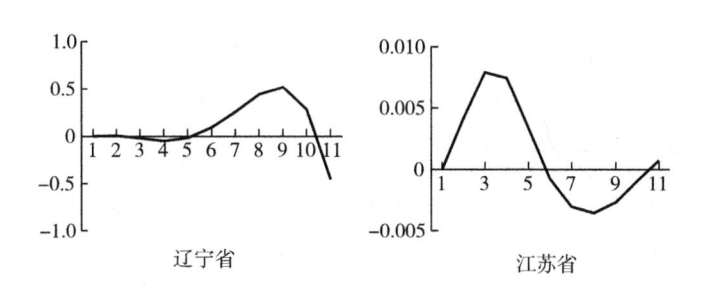

图 7-3　辽宁省、江苏省房地产价格对地方财政投资支出的动态响应

并在3.5期下降到最小值-0.08%，随后房地产价格上升幅度逐渐增强，并在8.5期上升到最大值，房地产价格之后逐渐下跌。

2. 房地产价格对地方财政投资支出呈现先上升后下降，然后上升

此类效果的组别中包含重庆、甘肃、新疆等23个省份。以江苏省为例做具体分析，面临1%的地方财政投资支出冲击，江苏省房地产价格即期没有显著影响，随后滞后0.5期房地产价格开始大幅上升，并在2.5期上升到最大值0.008%，随后房地产价格下降幅度逐渐增强，并在8.5期下降到最小值-0.003%，之后房地产价格缓慢上升，这说明江苏省房地产价格对地方财政投资支出产生影响存在2.5期的滞后效应。

（二）各省份脉冲的动态响应分析

面对正向的地方财政投资支出冲击，地方财政投资支出政策对房地产投资具有两组不同的影响，图7-4揭示了31个省份所处的不同效果类别。

1. 房地产投资对地方财政投资支出呈现先下降后上升，然后下降

该类效果组别中包含重庆、西藏、陕西、甘肃等12个省份。以云南省为例做具体分析，面临1%的地方财政投资支出冲击，云南省房地产投资即期没有显著影响，随后滞后0.5期房地产投资开始短期下降，并在1.5期快速上升，在2.5期上升到最大值，随后房地产投资逐渐下降，并在9.5期下降到最小值，这说明云南省房地产投资对地方财政投资支出产生影响存在2.5期的滞后效应。

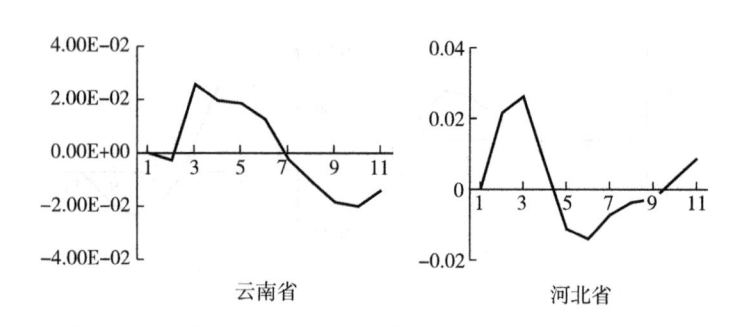

图 7-4　云南省、河北省房地产投资对地方财政投资支出的动态响应

2. 房地产投资对地方财政投资支出呈现先上升后下降，然后上升

该类效果组别中包含贵州、青海、宁夏、新疆等19个省份。以河北省为例做具体分析，面临1%的地方财政投资支出冲击，河北省房地产投资即期没有显著影响，随后滞后0.5期房地产投资开始急剧上升，并在2.5期上升到最大值0.026%，随后房地产投资下降幅度逐渐增强，并在5.5期下降到最小值-0.014%，之后房地产投资缓慢上升，这说明河北省房地产投资对地方财政投资支出产生影响存在2.5期的滞后效应。

（三）东中西部地区房地产价格对地方财政投资支出冲击的脉冲响应

基于各省级房地产价格对地方财政投资支出冲击不同的脉冲响应结果，分析三大区域房地产价格对地方财政投资支出冲击脉冲响应情况及其差异性。

如图7-5所示，以东部地区为例，面临1%的地方财政投资支出冲击，东部地区房地产价格即期没有显著影响，随后滞后0.5期房地产价格开始急剧上升，并在2.5期上升到最大值，随后房地产价格下降幅度逐渐增强，并在7.5期下降到最小值，之后房地产价格大幅度上升，这说明东部地区房地产价格对地方财政投资支出冲击产生影响存在2.5期的滞后效应。

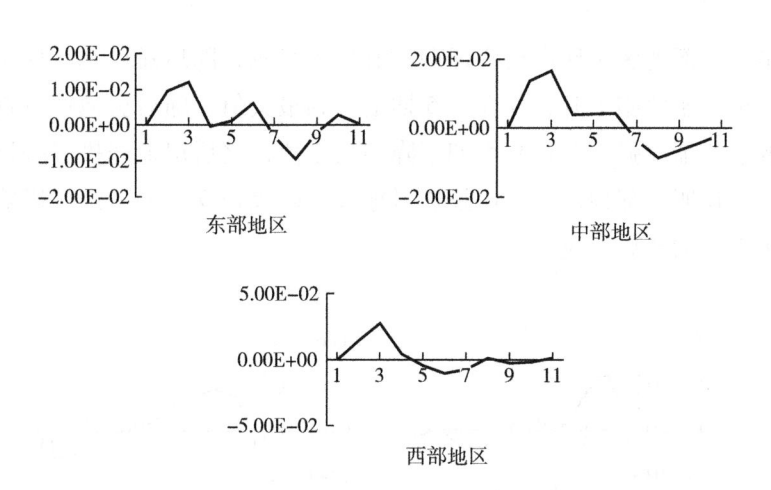

图 7-5　东中西部地区房地产价格对地方财政投资支出冲击的脉冲响应

以中部地区为例，面临 1% 的地方财政投资支出冲击，中部地区房地产价格即期没有显著影响，随后滞后 0.5 期房地产价格开始急剧上升，并在 2.5 期上升到最大值，随后房地产价格下降幅度逐渐增强，并在 7.5 期下降到最小值，之后房地产价格缓慢上升，这说明中部地区房地产价格对地方财政投资支出冲击产生影响存在 2.5 期的滞后效应。

以西部地区为例，面临 1% 的地方财政投资支出冲击，西部地区房地产价格即期没有显著影响，随后滞后 0.5 期房地产价格开始急剧上升，并在 2.5 期上升到最大值，随后房地产价格下降幅度逐渐增强，并在 5.5 期下降到最小值，之后房地产价格缓慢上升，这说明西部地区房地产价格对地方财政投资支出冲击产生影响存在 2.5 期的滞后效应。

（四）东中西部地区房地产投资对地方财政投资支出冲击的脉冲响应

基于各省级房地产投资对地方财政投资支出冲击不同的脉冲响应结果，分析三大区域房地产投资对地方财政投资支出冲击脉冲响应的情况及其差异性。

如图 7-6 所示，以东部地区为例，面临 1% 的地方财政投资支出冲击，东部地区房地产投资即期没有显著影响，随后滞后 0.5 期房地产价格开始急剧上升，并在 1.5 期上升到最大值，随后房地产投资下降幅度逐渐增强，并在 9.5 期下降到最小值，之后房地产投资缓慢上升，这说明东部地区房地产投资对地方财政投资支出冲击产生影响存在 1.5 期的滞后效应。

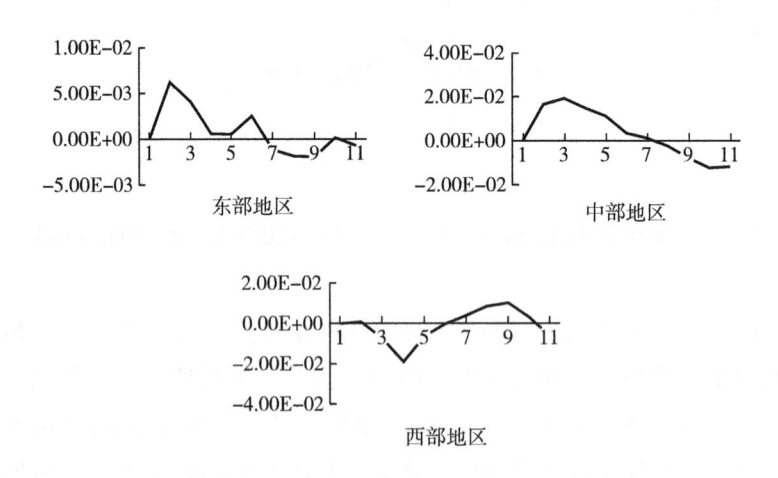

图 7-6 东中西部地区房地产投资对地方财政投资支出冲击的脉冲响应

以中部地区为例，面临 1% 的地方财政投资支出冲击，中部地区房地产投资即期没有显著影响，随后滞后 0.5 期房地产投资开始急剧上升，并在 2.5 期上升到最大值，随后房地产投资下降幅度逐渐增强，并在 10 期下降到最小值，之后房地产投资缓慢上升，这说明中部地区房地产投资对地方财政投资支出冲击产生影响存在 2.5 期的滞后效应。

以西部地区为例，面临 1% 的地方财政投资支出冲击，西部地区房地产投资即期没有显著影响，随后滞后 0.5 期房地产投资开始缓慢上升，并在 1.5 期开始大幅下降，并在 3 期下降到最小值，之后房地产投资大幅上升，并在 9 期达到最大值，之后大幅下降，这说明西部地区房地产投资对地方财政投资支出冲击产生影响存在 3 期的滞后效应。

第七章 地方财政投资支出对房地产影响的省际差异性实证分析

综上四部分分析进行归纳：面对正向的地方财政投资支出冲击，各省级房地产价格、房地产投资对地方财政投资支出冲击的响应存在差异性，我们观察到这种差异主要表现为两个方面：一是从地方财政投资支出政策对房地产价格、房地产投资的影响方向上看，辽宁、浙江、广东、海南、江西、西藏、陕西7个省份均呈现先下降后上升，然后下降的趋势；二是从东中西部地方财政投资支出政策对房地产价格、房地产投资的影响方向上看，东、中部地区均呈现先上升后下降，然后上升的趋势，西部地区则呈现相反的趋势。这主要是因为中国31个省份存在地域差异，经济发展水平也不太一样，东部沿海发达省份地方财政投资支出水平最高，房地产价格和房地产投资对地方财政投资支出的反应总体上都是先增加后下降，然后上升的趋势。西部落后省份由于地方财政收支水平不高，所以房地产价格和房地产投资对地方财政投资支出的反应大都是先下降后上升，然后下降的趋势。个别省份房地产价格和房地产投资对地方财政投资支出的反应也会出现和所在地区经济发展水平不一致的现象，但那是个案，不影响总体房地产价格和房地产投资对地方财政投资支出冲击反应的总体趋势。中部地区由于紧邻经济发展水平最高的东部地区，经济发展的辐射效应影响较强，所以东部、中部地区房地产价格和房地产投资对地方财政投资支出冲击的反应较为一致，西部地区由于经济发展基础本来就比较薄弱，尽管国家通过转移支付对西部地区重点倾斜，但西部地区的经济发展表现仍远逊于东部、中部地区，导致西部地区房地产价格和房地产投资对地方财政投资支出的反应大体不一致。

三 稳健性检验

为了保证PSVAR模型检验结果的可靠性，笔者对文中房地产价格、房地产投资对地方财政投资支出的脉冲响应进行了稳健性检验，主要采用两种方法：首先，改变变量。其次，改变样本容量。改变变量方面，主要通过引入国内生产总值、税收等变量，考察房地产价格、房地产投资对地方财政投资支出的脉冲响应情况。改变样本容量方面，受数据的可得性限制，扩大样本容量的手段通常是不可行的，只能采取缩小样本容量的手段，缩小样本容量为原来数据的2/3，考察房地产价格、房地产投资对地方财政投资支出的脉冲响应情况。通过以上两种稳定性检验的方法，发现两种方法得到的脉冲响应分析与正文中脉冲响应的分析结果基本一致，因而可以推断出本章PSVAR模型的实证结论具有较强的稳健性。

第五节　本章小结

本章基于CCE处理截面相关的方法完善了动态异质且截面相关的面板结构向量自回归PSVAR模型的估计，在CCE思路估计出动态异质且截面相关的面板结构向量自回归PSVAR模型的基础上探讨中国省级地方财政投资支出效应对房地产价格、房地产投资的影响，实证分析结果表明：中国各省级地方财政投资支出效应大部分为显著的正效应，地方财政投资支出效应的分布发现中国各省级地方财政投资支出效应的差异性比较明显，且在东、中、西部三大经济区域分布不均衡。

财政政策制定和执行应因省而异，对于地方财政投资支出效应显著的省份，地方政府应采用稳定的财政政策，在刺激经济增长的同时，保持社会稳定发展。尽管本章利用PSVAR实证分析了中国省级地方财政投资支出对房地产价格、房地产投资影响的差异性，但本章仍存在需要改进及进一步扩展的方向，随着一些数据的可获得性增强，例如地级市或县级的财政数据以及省级政府消费、投资等数据，可进一步探讨地级市或县级政府地方财政投资支出效应。

因此，选择有代表性的地方政府数据来分析地方政府投资对房地产的影响就变得十分必要，第八章将在重庆市的时间序列数据基础上，通过构建向量自回归（VAR）模型，研究重庆市地方财政投资支出对房地产的影响。

第八章

地方财政投资支出对房地产影响的实证分析

——基于重庆市时间序列数据和 VAR 模型

第一节 引言

重庆自 1997 年成立直辖市以来，经济发展水平取得了较高的发展，但是，相较国内如北京、上海、广州、深圳等发达城市动辄高达十万元/平方米的房价，重庆市的房价一直处于比较低的水平，上涨幅度不大。重庆下辖 38 个区县（自治县），包括主城 9 区（渝中、九龙坡、沙坪坝、大渡口、南岸、巴南、江北、渝北、北碚）和其他 29 个区县（自治县）。2013 年 9 月，重庆市进行五大功能区域的划分，分别为都市功能核心区、都市功能拓展区、城市发展新区、渝东北生态涵养发展区和渝东南发展区五个功能区域，五大功能分区是对重庆市"一圈两翼"发展战略的进一步规划升级。

向量自回归模型（Vector Autoregressive Model）最早由 Sims 在1980 年提出，VAR 模型不以经济理论为基础，通常采用多方程联立的形式，在每个模型的方程中，通过内生变量对模型的全部内生变量的滞后值进行回归，进而估计全部内生变量的动态关系。

第二节 基于VAR模型的地方财政投资支出对房地产的影响分析

一 变量选择和数据选取

在第五章选取全国时间序列数据以及第六、七章选取省份面板数据的基础上,本章以重庆市的地方财政投资支出时间序列数据作为个案进行研究,分析地方财政投资支出对房地产的影响。分别选择地方财政投资支出[①](fe)、房地产价格(hp)、房地产投资(hi)、房地产销售面积(hs)四组变量,数据的取得主要来自"国家统计局主要城市年度数据库",时间跨度1999—2016年,四组数据如表8-1所示。首先,4类原始数据采取了取对数。其次,用H-P滤波过滤其趋势成分,保留其波动成分。

表8-1 地方财政投资支出、房地产价格、房地产投资和房地产销售面积

年份	地方财政投资支出(亿元)	房地产价格(元/平方米)	房地产投资(亿元)	房地产销售面积(万平方米)
1999	150.24	1377.00	112.51	429.98
2000	187.64	1351.00	139.63	579.96
2001	237.55	1443.00	196.67	746.05
2002	305.86	1556.00	245.91	1016.60
2003	341.58	1596.00	327.89	1316.80
2004	395.72	1766.24	393.09	1317.12
2005	487.35	2134.99	517.73	2017.66
2006	594.25	2269.21	629.67	2228.46
2007	768.39	2722.58	849.90	3552.92

① 由于地方财政投资支出数据的可得性,地方财政投资支出数据用地方一般公共预算支出数据替代。

续表

年份	地方财政投资支出（亿元）	房地产价格（元/平方米）	房地产投资（亿元）	房地产销售面积（万平方米）
2008	1016.01	2785.00	991.00	2872.19
2009	1292.09	3442.00	1238.91	4002.89
2010	1709.04	4281.00	1620.26	4314.39
2011	2570.24	4733.84	2015.10	4533.50
2012	3046.36	5079.93	2508.35	4522.40
2013	3062.28	5569.00	3012.78	4817.56
2014	3304.39	5519.00	3630.23	5100.39
2015	3792.00	5486.00	3751.28	5381.37
2016	4001.81	5485.00	3725.95	6257.15

资料来源：国家统计局主要城市年度数据库。

对以上四组变量进行单位根检验，发现四组变量均为一阶单整时间序列。对四组变量之间的长期关系进行协整检验，发现四组变量之间均存在长期协整关系。VAR 模型识别存在两种形式：水平变量形式和一阶差分形式，由于采用变量一阶差分形式的 VAR 模型，这种方法会遗漏变量水平形式中包含的信息，并且可能导致模型错误设定和过度识别，因此笔者参照 Christiano 等[1]、Calza 等[2]和 Giuliodori[3]的研究方法，采用变量水平变量形式的 VAR 模型，用 STATA 14.0 软件做（向量自回归）VAR 分析。

二　变量的统计特征

表 8-2 是对地方财政投资支出、房地产价格、房地产投资和房地产销售面积四个变量的统计特征描述。

---

[1] Christiano L. J., et al., "Monetary Policy Shocks: What Have We Learned and to What End?" *Handbook of Macroeconomics*, Vol. 1, No. 2, 1999, pp. 65-148.

[2] Calza A., et al., "Mortgage Markets, Collateral Constraints and Monetary Policy: Do Institutional Factors Matter?", CFS Working Paper, No. 2007/10, pp. 1-37.

[3] Giuliodori, M., "The Role of House Prices in the Monetary Transmission Mechanism Across European Countries", *Scottish Journal of Political Economy*, Vol. 52, No. 4, 2005, pp. 519-543.

表8-2　　　　　　　　　　变量的统计特征

变量	观测值	均值	标准误差	最小值	最大值
fe	18	-6.47E-10	0.1150191	-0.1953809	0.2631860
hp	18	-7.76E-10	0.0863820	-0.1507600	0.1261172
hi	18	-1.03E-10	0.0746271	-0.2282448	0.0902185
hs	18	-1.60E-09	0.1153637	-0.1478593	0.3095357

三　变量的散点图

如图8-1所示，地方财政投资支出和房价之间的关系整体呈正相关的趋势，地方财政投资支出与房地产投资的关系是正向的关系，地方财政投资支出与房地产销售面积之间呈现倒"U"形的关系。

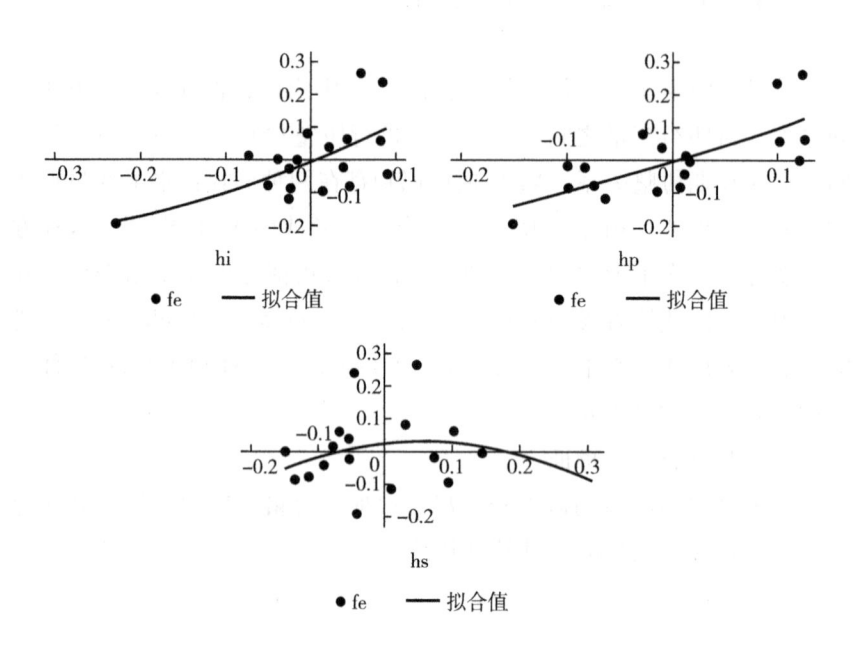

图8-1　地方财政投资支出与房价、房地产投资、房地产销售面积

四　格兰杰因果关系检验

对fe、hp、hi、hs四个变量进行格兰杰因果关系（Granger Causality）检验，计量软件在这里采用Stata 14.0。

由表 8-3 可知，在以 fe 为解释变量的方程中，如果检验变量 hp 系数的联合显著性（在方程中排除变量 hp），其卡方统计量为 36.064，相应的 p 值为 0.000，因此可以认为 hp 是 fe 的格兰杰原因。类似地，如果检验变量 hi 系数的联系显著性（在方程中排除变量 hi），其卡方统计量为 31.543，相应的 p 值为 0.000，故可认为 hi 也是 fe 的格兰杰原因。同时，如果检验变量 hs 系数的联系显著性（在方程中排除变量 hs），其卡方统计量为 27.701，相应的 p 值为 0.000，故可认为 hs 也是 fe 的格兰杰原因。如果同时检验变量 hp、hi 与 hs 系数的联合显著性（在方程中同时排除变量 hp、hi 与 hs），其卡方统计量为 75.958，相应的 p 值为 0.000，故可接受"变量 hp、hi 与 hs 均是 fe 的格兰杰原因"的原假设。

表 8-3　　　　　　　　　　格兰杰因果关系检验结果

方程式	排除	卡方	自由度	概率>卡方
fe	hp	36.064	2	0.000
fe	hi	31.543	2	0.000
fe	hs	27.701	2	0.000
fe	全部	75.958	6	0.000
hp	fe	2.616	2	0.270
hp	hi	9.031	2	0.011
hp	hs	20.847	2	0.000
hp	全部	29.756	6	0.000
hi	fe	5.646	2	0.059
hi	hp	3.538	2	0.171
hi	hs	6.736	2	0.034
hi	全部	18.871	6	0.004
hs	fe	0.6680	2	0.716
hs	hp	3.138	2	0.208
hs	hi	2.693	2	0.260
hs	全部	17.201	6	0.009

类似地，在以 hp 为解释变量的方程中，如果检验变量 fe 系数的联合显著性（在方程中排除变量 fe），其卡方统计量为 2.616，相应的 p 值为 0.270，因此可以认为 fe 不是 hp 的格兰杰原因。如果检验变量 hi 系数的联合显著性（在方程中排除变量 hi），其卡方统计量为 9.031，相应的 p 值为 0.011，因此可以认为 hi 是 hp 的格兰杰原因。如果检验变量 hs 系数的联合显著性（在方程中排除变量 hs），其卡方统计量为 20.847，相应的 p 值为 0.000，因此可以认为 hs 是 hp 的格兰杰原因。如果同时检验变量 hp、hi 与 hs 系数的联合显著性（在方程中同时排除变量 fe、hi 与 hs），其卡方统计量为 29.756，相应的 p 值为 0.000，故可接受"变量 fe、hi 与 hs 均是 hp 的格兰杰原因"的原假设。

在以 hi 为解释变量的方程中，如果检验变量 fe 系数的联合显著性（在方程中排除变量 fe），其卡方统计量为 5.646，相应的 p 值为 0.059，因此可以认为 fe 不是 hi 的格兰杰原因。如果检验变量 hp 系数的联合显著性（在方程中排除变量 hp），其卡方统计量为 3.538，相应的 p 值为 0.171，因此可以认为 hp 不是 hi 的格兰杰原因。如果检验变量 hs 系数的联合显著性（在方程中排除变量 hs），其卡方统计量为 6.736，相应的 p 值为 0.034，因此可以认为 hs 是 hi 的格兰杰原因。如果同时检验变量 fe、hp 与 hs 系数的联合显著性（在方程中同时排除变量 fe、hp 与 hs），其卡方统计量为 18.871，相应的 p 值为 0.004，故可接受"变量 fe、hp 与 hs 均是 hi 的格兰杰原因"的原假设。

在以 hs 为解释变量的方程中，如果检验变量 fe 系数的联合显著性（在方程中排除变量 fe），其卡方统计量为 0.6680，相应的 p 值为 0.716，因此可以认为 fe 不是 hs 的格兰杰原因。如果检验变量 hp 系数的联合显著性（在方程中排除变量 hp），其卡方统计量为 3.138，相应的 p 值为 0.208，因此可以认为 hp 不是 hs 的格兰杰原因。如果检验变量 hi 系数的联合显著性（在方程中排除变量 hi），其卡方统计量为 2.693，相应的 p 值为 0.260，因此可以认为 hi 不是 hs 的格兰杰原因。如果同时检验变量 fe、hp 与 hi 系数的联合显著性（在方程中同时排除变量 fe、hp 与 hi），其卡方统计量为 17.201，相应的 p 值为 0.009，故接受"变量 fe、hp 与 hi 均是 hs 的格兰杰原因"的原假设。

五　模型设定和估计

向量自回归模型（VAR）的一般形式如式（8.1）所示：

$$Y_t = A_1 Y_{t-1} + A_2 Y_{t-2} + \cdots + A_p Y_{t-p} + B_0 X_t + \cdots + \cdots + B_r X_{t-r} + \varepsilon_t \quad (8.1)$$

其中，$t = 1, 2, \cdots, n$，Y_t 为 k 维内生变量向量，$Y_{t-i}(i=1, 2, \cdots, p)$ 是滞后内生变量向量，$X_{t-i}(i=0, 1, \cdots, r)$ 为 d 维外生变量向量或滞后外生变量向量，p、r 分别是内生变量和外生变量的滞后阶数。A_t 是 $k×k$ 维系数矩阵，B_i 是 $k×d$ 维系数矩阵，ε_t 是由 k 维随机误差项构成的向量。

本章中，$Y_t = \begin{bmatrix} HP \\ HI \\ HS \end{bmatrix}_t$，$X_t = FE_t$，以（$HP$，$HI$，$HS$，$FE$）四变量构建一个 VAR 模型，基于 AIC 信息准则和 SC 信息准则取值最小的原则，选择的阶数应使这两个参数的数字越小越好，参照表 8-4，最终确定 VAR 模型的滞后阶数 L 选择为 2 阶。

表 8-4　　　　　　　　VAR 模型滞后阶数的选择

阶数选择准则								
样本：2001—2016 年					观测值 = 16			
lag	LL	LR	df	p	FPE	AIC	HQIC	SBIC
0	74.816				1.70E-09	-8.852	-8.84211	-8.65885*
1	92.5968	35.562	16	0.003	1.50E-09	-9.0746	-9.02514	-8.10886
2	117.266	49.339*	16	0	8.2e-10*	-10.1583*	-10.0692*	-8.41993

内生：fe hp hi hs

外生：_cons

注：*表示在 0.1 的显著性水平下显著。

下面讨论特征值的稳定性，对于滞后长度为 2 且有 4 个内生变量的 VAR 模型，AR 特征多项式有 2×4 = 8（个）根，如被估计的 VAR 模型中所有根的倒数的模比 1 小，如表 8-5 所示，说明估计的 VAR

模型满足稳定性条件。

表 8-5　　　　　　　　　　特征值稳定性条件

特征值	系（模）数
−0.2455388+0.9522166i	0.983365
0.7022126+0.6319066i	0.944674
0.4225301+0.4478984i	0.615747
0.4225301−0.4478984i	0.615747
−0.5550440	0.555044
−0.1352397	0.135240
0.02971786+0.7475295i	0.725302
0.02971786+0.7475295i	

所有特征值都在单位圆内。

VAR 满足稳定条件。

由图 8-2 的 VAR 系统稳定性的判别图可以看出，VAR 模型的八个特征值都位于单位圆内，说明我们所估计的 VAR 模型满足稳定性条件。

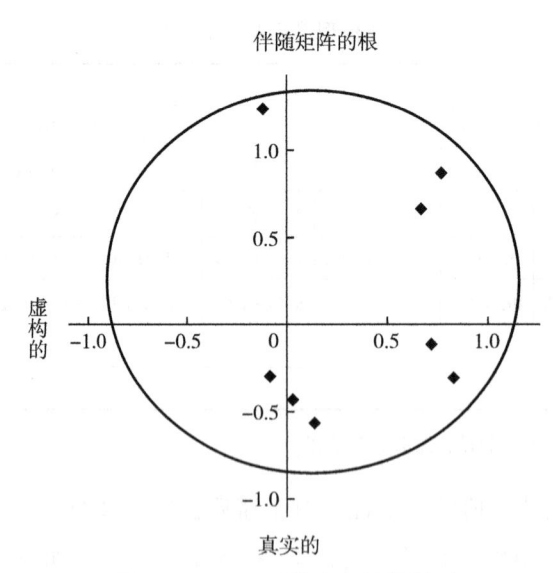

图 8-2　VAR 系统稳定性的判别

六 脉冲响应分析

下面探讨 VAR 的结构脉冲响应函数。结果如图 8-3 所示。

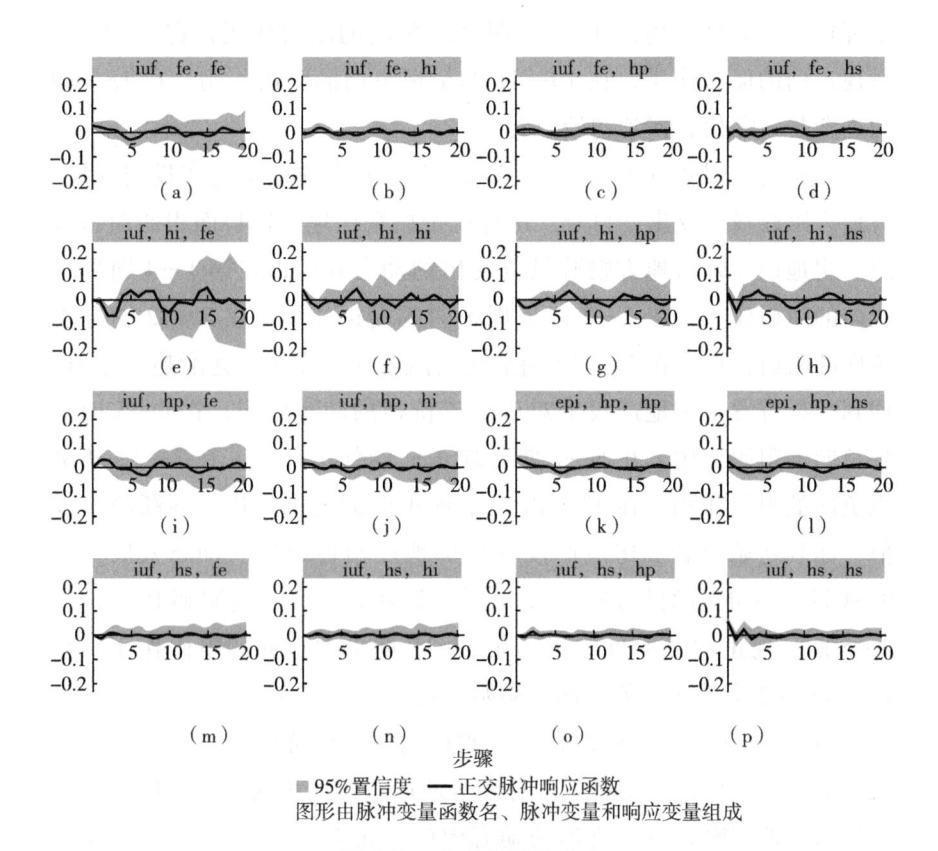

图 8-3 正交化脉冲响应

注：变量次序为 fe、hp、hi、hs。

图 8-3（a）至图 8-3（d），都是以地方财政投资支出（fe）为脉冲变量，分别表示地方财政投资支出对其自身、房地产投资（hi）、房地产价格（hp）和房地产销售面积（hs）的动态效应。面对地方财政投资支出 1% 的正向冲击，房地产投资的反应表现为在 0—5 期呈现正向的促进作用，在 5—10 期呈现负向的阻碍作用，在 10—20 期逐渐趋于零值，回到初始位置。面对地方财政投资支出 1% 的正向冲击，房地产价格的反应表现为在 0—5 期呈现正向的促进作用，在 5—8 期呈现负向的阻碍作用，在 8—12 期呈现正向的促进作用，在 12—15

期呈现负向的阻碍作用，在 12—20 期逐渐趋于零值，回到初始位置。面对地方财政投资支出 1% 的正向冲击，房地产销售面积在第 1—2 期呈现正向的促进作用，在 2—5 期呈现负向的阻碍作用，在 5—10 期呈现正向的促进作用，在 10—15 期呈现负向的阻碍作用，在 15—29 期逐渐趋于零值，回到初始位置。

类似地，图 8-3（e）至图 8-3（h）分别描述房地产投资（hi）对地方财政投资支出、自身、房地产价格和房地产销售面积的动态效应。房地产投资对地方财政投资支出的动态效应，在第 1—4 期呈现负向的阻碍作用，在 4—7 期呈现正向的促进作用，在 7—12 期呈现负向的阻碍作用，在 12—17 期呈现正向的促进作用，逐渐趋于零值，回到初始位置。房地产投资对房地产价格的动态效应，在 0—5 期呈现负向的阻碍作用，在 5—7 期呈现正向的促进作用，在 7—12 期呈现负向的阻碍作用，在 12—18 期呈现正向的促进作用，逐渐趋于零值，回到初始位置。房地产投资对房地产销售面积的动态效应，在 0—1 期呈现正向的促进作用，在 1—2 期呈现负向的阻碍作用，在 2—5 期呈现正向的促进作用，在 5—15 期呈现负向的阻碍作用，在 15—20 期逐渐趋于零值，回到初始位置。

图 8-3（i）至图 8-3（l）分别描绘房地产价格（hp）对地方财政投资支出、房地产投资、自身和房地产销售面积的动态效应。房地产价格对地方财政投资支出的动态效应，在 1—3 期呈现正向的促进作用，在 3—7 期呈现负向的阻碍作用，在 7—12 期呈现正向的促进作用，在 12—15 期呈现负向的阻碍作用，在 15—20 期逐渐趋于零值，回到初始位置。房地产价格对房地产投资的动态效应，在 0—3 期呈现正向的促进作用，在 3—7 期呈现负向的阻碍作用，在 7—20 期呈现正向的促进作用，逐渐趋于零值，回到初始位置。房地产价格对房地产销售面积的动态效应，在 0—1 期呈现正向的促进作用，在 1—7 期呈现负向的阻碍作用，在 7—8 期呈现正向的促进作用，在 8—20 期呈现负向的阻碍作用，逐渐趋于零值，回到初始位置。

图 8-3（m）至图 8-3（p）分别描绘房地产销售面积（hs）对地方财政投资支出、房地产投资、房地产价格和自身的动态效应。房

地产销售面积对地方财政投资支出的动态效应,在 0—7 期呈现正向的促进作用,在 7—10 期呈现负向的阻碍作用,在 10—20 期呈现正向的促进作用,逐渐趋于零值,回到初始位置。房地产销售面积对房地产投资的动态效应,在 0—3 期呈现比较明显的正向促进作用,在 3—20 期呈现不太显著的正向促进作用,逐渐趋于零值,回到初始位置。房地产销售面积对房地产价格的动态效应,在 0—3 期呈现比较明显的正向促进作用,在 3—20 期呈现不太显著的正向促进作用,逐渐趋于零值,回到初始位置。

七 方差分解结果分析

分别分析 VAR 模型地方财政投资支出、房地产价格、房地产投资和房地产销售面积的预测方差分解结果,如表 8-6 所示。

表 8-6　　　　　　地方财政投资支出的方差分解结果

期数	-1	-2	-3	-4
	预测误差方差分解	预测误差方差分解	预测误差方差分解	预测误差方差分解
0	0	0	0	0
1	1	0	0	0
2	0.544673	0.393723	0.021271	0.040334
3	0.188055	0.276706	0.511979	0.023260
4	0.131795	0.178153	0.663678	0.026374
5	0.136238	0.176897	0.661432	0.025433
6	0.184909	0.148594	0.645457	0.021039
7	0.188948	0.179410	0.609528	0.022113
8	0.165414	0.194939	0.618625	0.021022
9	0.152214	0.182174	0.639096	0.026516
10	0.147773	0.187676	0.639740	0.024811
11	0.153885	0.165182	0.658598	0.022335
12	0.155137	0.170372	0.651942	0.022549

续表

期数	-1 预测误差方差分解	-2 预测误差方差分解	-3 预测误差方差分解	-4 预测误差方差分解
13	0.158161	0.176373	0.643020	0.022446
14	0.157539	0.177864	0.638793	0.025804
15	0.150543	0.187182	0.637788	0.024488
16	0.145161	0.171960	0.658754	0.024126
17	0.145518	0.171954	0.658299	0.024229
18	0.151913	0.171200	0.653007	0.023879
19	0.154153	0.173629	0.646776	0.025443
20	0.149840	0.182408	0.642985	0.024766

（1）脉冲响应结果=iuf，脉冲变量=fe，反应变量=fe

（2）脉冲响应结果=iuf，脉冲变量=hp，反应变量=fe

（3）脉冲响应结果=iuf，脉冲变量=hi，反应变量=fe

（4）脉冲响应结果=iuf，脉冲变量=hs，反应变量=fe

由表8-6可知，对地方财政投资支出进行向前1期的预测，其预测方差完全来自地方财政投资支出本身。即使向前预测20期，仍有14.98%的预测方差来自地方财政投资支出本身，其余18.24%的预测方差来自房地产价格，64.30%的预测方差来自房地产投资，2.48%的预测方差来自房地产销售面积。这意味着，地方财政投资支出主要受房地产投资的影响，变量房地产价格和房地产销售面积的作用较小（是至少在变量次序为fe、hp、hi、hs的条件下）。

图8-4更直观地描述了地方财政投资支出的方差分解结果。预测方差来自房地产投资本身所占的阴影面积最大，预测方差来自房地产价格所占的阴影面积次之，预测方差来自地方财政投资支出所占的阴影面积位于第三位，预测方差来自房地产销售面积所占的阴影面积最小。

第八章 地方财政投资支出对房地产影响的实证分析

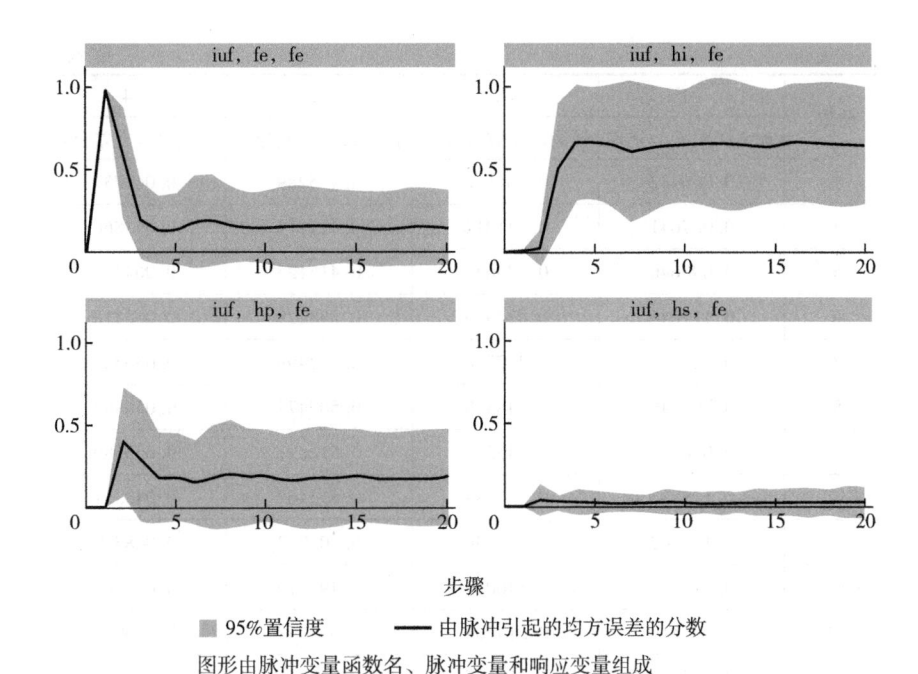

步骤

■ 95%置信度 ── 由脉冲引起的均方误差的分数

图形由脉冲变量函数名、脉冲变量和响应变量组成

图 8-4 地方财政投资支出的方差分解结果

注：变量次序 fe、hp、hi、hs。

由表 8-7 可知，对房地产价格进行向前 1 期的预测，2.59%的预测方差来自地方财政投资支出，97.41%的预测方差来自房地产价格。即使向前做 20 期的预测，仍有 28.74%的预测方差来自房地产价格本身，其余 11.10%的预测方差来自地方财政投资支出，55.95%的预测方差来自房地产投资，4.22%的预测方差来自房地产销售面积，这表明房地产投资对房地产价格有较大影响。

表 8-7　　　　　　　　房地产价格的方差分解结果

期数	-1	-2	-3	-4
	预测误差方差分解	预测误差方差分解	预测误差方差分解	预测误差方差分解
0	0	0	0	0
1	0.025912	0.974088	0	0
2	0.046333	0.601772	0.329209	0.022686

续表

期数	-1 预测误差方差分解	-2 预测误差方差分解	-3 预测误差方差分解	-4 预测误差方差分解
3	0.056432	0.461542	0.415289	0.066737
4	0.067041	0.441214	0.427879	0.063866
5	0.090646	0.429634	0.415125	0.064595
6	0.111044	0.424909	0.398229	0.065818
7	0.103139	0.427780	0.412498	0.056583
8	0.091146	0.348498	0.509473	0.050883
9	0.090970	0.345553	0.512897	0.050580
10	0.105995	0.330188	0.515467	0.048351
11	0.120542	0.327936	0.502943	0.048579
12	0.114509	0.340021	0.499510	0.045960
13	0.105519	0.314384	0.534057	0.046040
14	0.104992	0.318197	0.530761	0.046050
15	0.109648	0.299379	0.547286	0.043687
16	0.116191	0.296009	0.544683	0.043117
17	0.115039	0.303017	0.539372	0.042573
18	0.113915	0.295886	0.546371	0.043828
19	0.112956	0.302251	0.541173	0.043619
20	0.110951	0.287360	0.559513	0.042177

(1) 脉冲响应结果=iuf，脉冲变量=fe，反应变量=hp

(2) 脉冲响应结果=iuf，脉冲变量=hp，反应变量=hp

(3) 脉冲响应结果=iuf，脉冲变量=hi，反应变量=hp

(4) 脉冲响应结果=iuf，脉冲变量=hs，反应变量=hp

图8-5对房地产价格的方差分解结果描述更为直接。预测方差来自房地产投资本身所占的阴影面积最大，预测方差来自房地产价格所占的阴影面积次之，预测方差来自地方财政投资支出所占的阴影面积位于第三位，预测方差来自房地产销售面积所占的阴影面积最小。由此可见，房地产投资对房地产价格的影响最大，地方财政投资支出对

第八章 地方财政投资支出对房地产影响的实证分析

房地产价格存在一定的影响因素，房地产销售面积对房地产价格的影响最小。

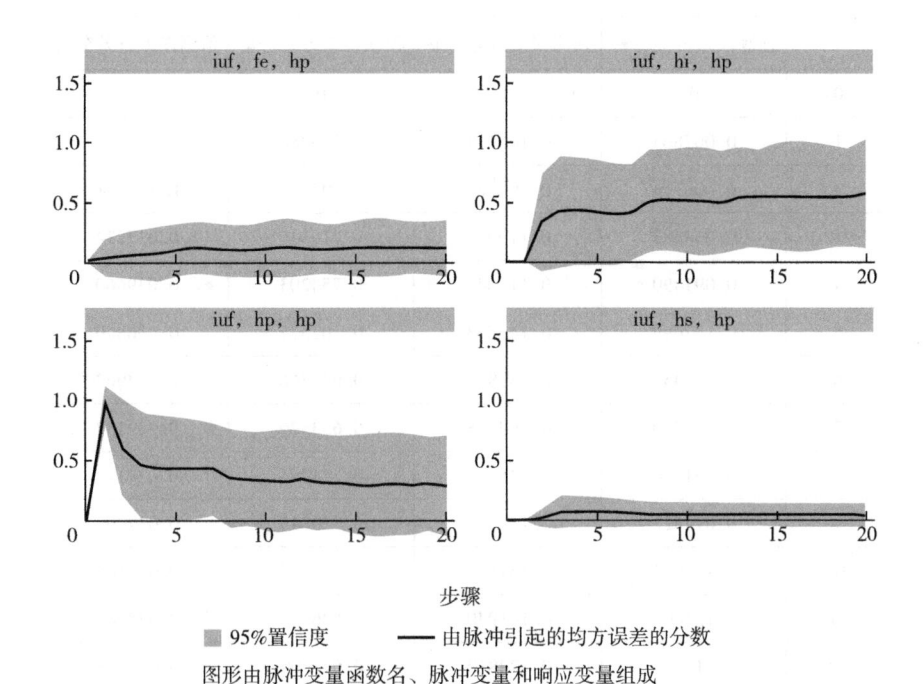

图 8-5 房地产价格的方差分解结果

注：变量次序 fe、hp、hi、hs。

由表 8-8 可知，对房地产投资进行向前 1 期的预测，87.60%的预测方差来自房地产投资，0.79%的预测方差来自地方财政投资支出，11.62%的预测方差来自房地产价格。即使向前做 20 期的预测，仍有 70.12%的预测方差来自房地产投资本身，10.57%的预测方差来自地方财政投资支出，15.47%的预测方差来自房地产价格，3.83%的预测方差来自房地产销售面积。

图 8-6 对房地产投资的方差分解结果描述更为直接。预测方差来自房地产投资本身所占的阴影面积最大，预测方差来自房地产价格所占的阴影面积次之，预测方差来自地方财政投资支出所占的阴影面积位于第三位，预测方差来自房地产销售面积所占的阴影面积最小。

161

表 8-8　　　　　　　　　房地产投资的方差分解结果

期数	-1 预测误差方差分解	-2 预测误差方差分解	-3 预测误差方差分解	-4 预测误差方差分解
0	0	0	0	0
1	0.007863	0.116151	0.875986	0
2	0.008714	0.198786	0.792499	1.60E-06
3	0.064383	0.119046	0.779337	0.037234
4	0.091490	0.114647	0.754203	0.039660
5	0.117099	0.143733	0.702327	0.036840
6	0.123450	0.137818	0.693766	0.044967
7	0.108290	0.199248	0.653326	0.039137
8	0.091330	0.146992	0.724505	0.037173
9	0.094422	0.147734	0.720845	0.037000
10	0.110044	0.141545	0.713247	0.035164
11	0.123098	0.141940	0.696476	0.038486
12	0.117266	0.174812	0.671209	0.036713
13	0.103842	0.154639	0.702935	0.038584
14	0.103403	0.162675	0.695680	0.038242
15	0.106575	0.149444	0.707206	0.036775
16	0.114822	0.148209	0.699588	0.037381
17	0.114560	0.162059	0.686357	0.037024
18	0.110649	0.154950	0.695214	0.039187
19	0.109361	0.166208	0.685551	0.038879
20	0.105734	0.154738	0.701246	0.038281

（1）脉冲响应结果＝iuf，脉冲变量＝fe，反应变量＝hi

（2）脉冲响应结果＝iuf，脉冲变量＝hp，反应变量＝hi

（3）脉冲响应结果＝iuf，脉冲变量＝hi，反应变量＝hi

（4）脉冲响应结果＝iuf，脉冲变量＝hs，反应变量＝hi

第八章 地方财政投资支出对房地产影响的实证分析

■ 95%置信度　── 由脉冲引起的均方误差的分数

图形由脉冲变量函数名、脉冲变量和响应变量组成

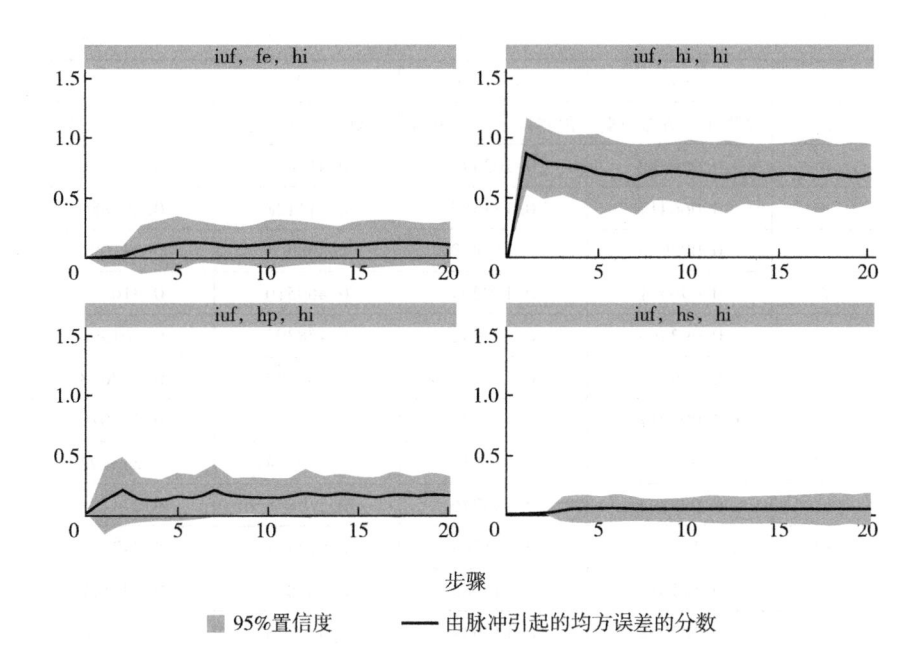

图 8-6　房地产投资的方差分解结果

注：变量次序 fe、hp、hi。

由表 8-9 可知，对房地产销售面积进行向前 1 期的预测，57.43% 的预测方差来自房地产销售面积，4.33% 的预测方差来自地方财政投资支出，14.09% 的预测方差来自房地产价格，24.14% 的预测方差来自房地产投资。即使向前做 20 期的预测，仍有 20.57% 的预测方差来自房地产销售面积本身，其余 53.86% 的预测方差来自房地产投资，10.95% 的预测方差来自地方财政投资支出，14.62% 的预测方差来自房地产价格。这表明，房地产投资对房地产销售面积有较大影响。

表 8-9　　　　　房地产销售面积的方差分解结果

期数	-1	-2	-3	-4
	预测误差方差分解	预测误差方差分解	预测误差方差分解	预测误差方差分解
0	0	0	0	0
1	0.043332	0.140899	0.241431	0.574338
2	0.039173	0.090645	0.463422	0.406759

续表

期数	-1 预测误差方差分解	-2 预测误差方差分解	-3 预测误差方差分解	-4 预测误差方差分解
3	0.059129	0.103478	0.413497	0.423896
4	0.066417	0.127565	0.411128	0.394889
5	0.092950	0.116839	0.468304	0.321907
6	0.090391	0.129299	0.469510	0.310800
7	0.092463	0.127242	0.478305	0.301990
8	0.099272	0.137944	0.465737	0.297048
9	0.098917	0.143532	0.490532	0.267019
10	0.099148	0.135617	0.519744	0.245492
11	0.098894	0.136776	0.519845	0.244484
12	0.107977	0.135264	0.514507	0.242252
13	0.111617	0.143985	0.506881	0.237517
14	0.107058	0.147644	0.520778	0.224520
15	0.104407	0.143099	0.534121	0.218373
16	0.105370	0.143008	0.533978	0.217644
17	0.111647	0.140777	0.534327	0.213248
18	0.112769	0.145101	0.531460	0.210670
19	0.110591	0.147307	0.535247	0.206855
20	0.109543	0.146164	0.538626	0.205666

（1）脉冲响应结果=iuf，脉冲变量=fe，反应变量=hs
（2）脉冲响应结果=iuf，脉冲变量=hp，反应变量=hs
（3）脉冲响应结果=iuf，脉冲变量=hi，反应变量=hs
（4）脉冲响应结果=iuf，脉冲变量=hs，反应变量=hs

图 8-7 对房地产销售面积的方差分解结果描述更为直接。预测方差来自房地产投资本身所占的阴影面积最大，预测方差来自房地产价格所占的阴影面积次之，预测方差来自地方财政投资支出所占的阴影面积位于第三位，预测方差来自房地产销售面积所占的阴影面积最小。

```
       iuf, fe, hs                          iuf, hi, hs
1.0                                  1.0
0.5                                  0.5
  0                                    0
−0.5                                 −0.5
      5   10   15   20                     5   10   15   20

       iuf, hp, hs                          iuf, hs, hs
1.0                                  1.0
0.5                                  0.5
  0                                    0
−0.5                                 −0.5
      5   10   15   20                     5   10   15   20
```

步骤

■ 95%置信度 —— 由脉冲引起的均方误差的分数

图形由脉冲变量函数名、脉冲变量和响应变量组成

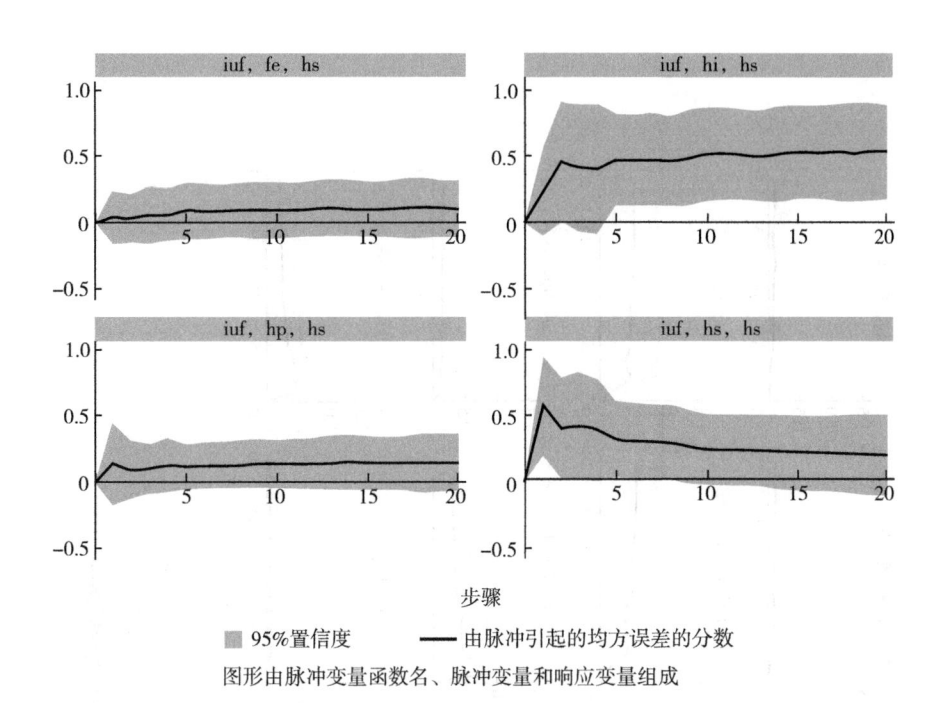

图 8-7　房地产销售面积的方差分解结果

注：变量次序 fe、hp、hi、hs。

图 8-8 是对地方财政投资支出、房地产价格、房地产投资和房地产销售面积四个变量的方差分解结果汇总图。第一列是地方财政投资支出的方差分解结果；第二列是房地产价格的方差分解结果；第三列是房地产投资的方差分解结果；第四列是房地产销售面积的方差分解结果。

八　稳健性检验

为了保证 VAR 模型检验结果的可靠性，笔者对书中房地产价格、房地产投资和房地产销售面积对地方财政投资支出的脉冲响应、方差分解结果分别进行了稳健性检验，主要采用改变变量次序和改变样本容量的稳健性检验方法。首先，改变变量次序方面，主要通过调整地方财政投资支出、房地产价格、房地产投资和房地产销售面积的变量顺序，共存在 96 种 4 个变量的顺序组合，考察房地产价格、房地产投资和房地产销售面积对地方财政投资支出的脉冲响应情况。其次，

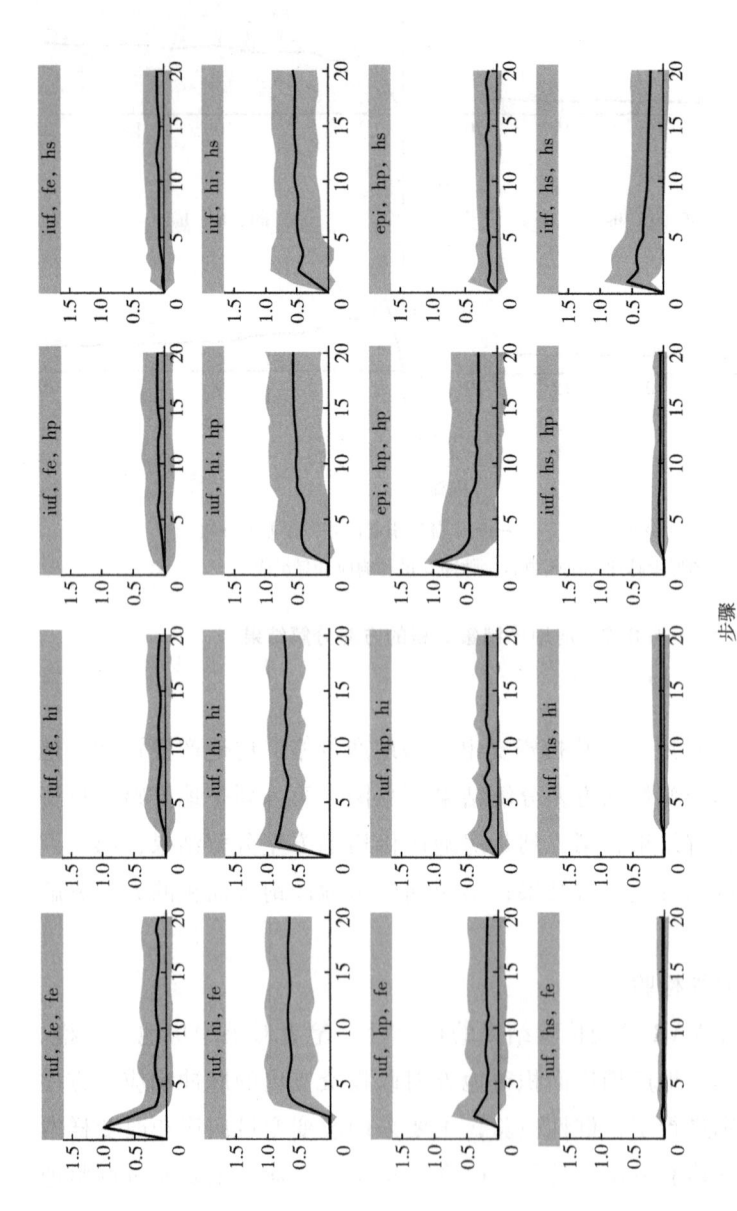

图 8-8 四变量的方差分解结果

注：变量次序 fe、hp、hi、hs。

改变样本容量方面，受数据的可得性限制，扩大样本容量的手段通常是不可行的，只能采取缩小样本容量的手段，缩小样本容量为原来数据的 2/3，考察房地产价格、房地产投资和房地产销售面积对地方财政投资支出的脉冲响应情况。通过以上两种稳定性检验的方法，发现两种方法得到的脉冲响应、方差分解结果与本章正文中的脉冲响应、方差分解结果基本一致，因而可以推断出本章 VAR 模型的实证结论具有较强的稳健性。

第三节 本章小结

本章主要在向量自回归（VAR）模型的基础上，对地方财政投资支出对房地产的影响分别进行了分析。在做 VAR 模型分析时，主要采用通用的脉冲响应分析和预测方差结果分析。

脉冲响应分析有以下四个方面。第一，从地方财政投资支出对房地产价格、房地产投资和房地产销售面积的动态响应进行分析，发现地方财政投资支出冲击对房地产投资的影响较大，地方财政投资支出对于房地产投资、房地产价格和自身的响应，首先，是正向的。其次，是负向的。地方财政投资支出对于房地产销售面积的响应，首先，是负向的。其次，是正向的。

第二，从房地产价格对地方财政投资支出、房地产投资和房地产销售面积的动态响应进行分析，发现房地产价格对地方财政投资支出、房地产投资和房地产销售面积的动态效应，首先，是正向的。其次，是负向的。

第三，从房地产投资对地方财政投资支出、房地产价格和房地产销售面积的动态响应进行分析，发现房地产投资对地方财政投资支出和房地产价格的动态效应，首先，是负向的。其次，是正向的。房地产投资对其自身和房地产销售面积的动态效应，首先，是正向的。其次，是负向的。

第四，从房地产销售面积对地方财政投资支出、房地产价格和房地产投资的动态响应进行分析，发现房地产销售面积对地方财政投资支出、房地产投资的动态效应，均为正向的，房地产销售面积对于自身的动态效应，首先，是正向的。其次，是负向的。

预测方差结果分析方面，采用 VAR 模型进行分析时，主要从地方财政投资支出、房地产价格、房地产投资和房地产销售面积分别作了向前 20 期的预测，考察哪一变量对其他三个变量的影响程度。由地方财政投资支出的方差分解结果可知，地方财政投资支出主要受房地产投资的影响，变量房地产价格、地方财政投资支出和房地产销售面积的作用较小。由房地产价格的方差分解结果可知，房地产投资对房地产价格有较大影响，变量房地产价格、地方财政投资支出和房地产销售面积的作用较小。由房地产投资的方差分解结果可知，房地产投资对房地产价格有较大影响，变量房地产价格、地方财政投资支出和房地产销售面积的作用较小。由房地产销售面积的方差分解结果可知，房地产投资对房地产销售面积的影响十分显著，变量房地产销售面积、房地产价格和地方财政投资支出的作用较小。

采用 VAR 模型进行分析时，滞后阶数选择 2 阶，发现这个 VAR 模型为恰好识别模型。本章主要选取重庆市的地方财政投资支出、房地产价格、房地产投资和房地产销售面积的相关数据进行分析，对地方财政投资支出、房地产价格、房地产投资和房地产销售面积四者之间的关系有了大致的判断。

第九章

主要结论及政策建议

第一节 主要结论

首先，本书论述地方财政投资支出对房地产影响的文献，同时结合地方财政投资支出与房地产周期的文献，对地方财政投资支出与房地产的相关文献进行梳理。

其次，从凯恩斯政府干预理论、公共产品供给理论、财政支出增长趋势理论和财政支出非对称理论四种理论着手，阐述了地方财政投资支出相关理论，同时，对地方财政投资支出概念进行界定，分别基于 AD-AS 模型以及新经济增长理论，探讨地方财政投资支出与经济增长的关系，分别就地方财政投资支出对房地产影响的传导机制、地方财政投资支出对房地产影响的循环机理、地方财政投资支出对房地产的影响机制、地方经济内在异质性对地方财政投资支出和房地产的影响机制、地方财政投资支出对房地产的影响、地方财政投资支出结构对房地产和非房地产部门效应的非对称性、地方财政投资支出热衷于投资房地产的原因进行探讨。对地方财政投资支出与房地产进行统计描述性分析，阐述地方财政投资支出规模和地方财政投资支出结构，对房地产周期、房地产相关指标也做了进一步的探讨。

再次，基于全国时间序列数据和结构向量自回归（SVAR）模型，从短期和长期角度分别对地方财政投资支出对房地产的影响进行实证分析。基于面板向量自回归（PVAR）计量模型和动态随机一般均衡（DSGE）理论模型，探讨地方财政投资支出对房地产部门和非房地产部门的非对称性影响。基于面板结构向量自回归（PSVAR）模型，对地方财政投资支出对房地产的省际差异性进行实证研究。

最后，基于向量自回归（VAR）模型，研究重庆市地方财政投资支出对房地产的影响。通过地方财政投资支出对房地产影响的实证和理论分析，我们可以得到以下几方面的结论。

一 地方财政投资支出对房地产具有省际差异性

各省级房地产价格、房地产投资对地方财政投资支出冲击的响应存在差异性，我们观察到这种差异性主要表现为两个方面：一是从地方财政投资支出政策对房地产价格、房地产投资的影响方向上看，辽宁、浙江、广东、海南、江西、西藏、陕西7个省份均呈现先下降后上升，然后下降的趋势。二是从东中西部地区地方财政投资支出政策对房地产价格、房地产投资的影响方向上看，东部、中部地区均呈现先上升后下降，然后上升的趋势，西部地区则呈现相反的趋势。

二 地方财政投资支出对房地产部门和非房地产部门具有非对称性影响

首先，通过对中国地方财政投资支出对房地产部门和非房地产部门发展非对称性的PVAR实证分析，得出主要经验结论：地方财政投资支出正向冲击对房地产价格、房地产投资和非房地产投资有显著的正向促进作用，对居民消费价格指数有不太显著的正向促进作用。其次，通过引入垄断竞争和价格黏性等非完全竞争因素，在动态随机一般均衡模型框架内，模拟结果发现：地方财政投资支出除了和居民消费价格指数呈现明显负相关，以及和房地产投资强正相关外，对房地产价格、非房地产投资均表现为初期负相关、后期正相关的关系，呈现非对称性。

三 地方财政投资支出范围过宽

我国地方政府不仅承担了地方经济发展的任务，还承担了维持地方稳定的政治任务。导致我国的地方财政投资支出不仅仅涵盖地方公共产品的供给，地方财政投资支出的触角亦深入到了一些市场竞争性领域。在招商引资的力度上，各级地方政府都付出了宝贵的财力和人力，省、市（区）、县、乡（镇）四级政府的领导和机关事业单位大都承担招商引资的任务，每年年底也都会对各级领导和单位进行招商引资任务完成情况的考核，在高任务量的招商引资压力下，地方政府无疑会在所掌握的土地和税费方面给予落地企业以丰厚的优惠政策，有的地方政府甚至还为有意向落地的企业建设工业园区和厂房等。各地地方政府出于维持当地支柱产业的发展需要，在每年的项目资金补助上大多会向当地支柱产业的企业予以倾斜，或为这些当地支柱产业的企业提供担保性贷款，甚至有的企业在面临经营不善时，地方政府会动用地方财政收入为企业注入财政资金。这些地方财政投资支出进一步挤占了社会资本的投资空间，加重了民营企业的"玻璃门""弹簧门"现象。另外，财政投资支出的非理性增加，必须以地方政府的财力作为对应补充，地方政府财力本来就十分有限，在扩张的地方财政投资支出面前，地方政府的负债融资需求无疑会大大增加，近年来各级地方政府融资平台如雨后春笋般地蓬勃成长，也直观地说明了地方政府目前的财力困境，地方政府的高额负债，是促使财政风险的一大诱因。

四　地方政府官员考核指标存在偏差

地方财政投资支出对房地产的侧重，会加剧我国地方政府财政状况的失衡程度，在地方政府财政收入缺失主体税种，土地出让金收入持续下行的不利情形下，也会进一步导致地方政府财政赤字有扩大趋势。我国对地方官员的考察通常采用 GDP 和财政收入的增长为手段，同时对环保和稳定指标比较重视，环保和稳定任务只要任何一项出现问题，地方官员的提升都会实行一票否决。这种"唯 GDP 论英雄"的地方政府官员考核方式，无疑会促使地方财政投资支出存在向基础设施投资支出倾斜的偏差，进一步刺激地方经济增长的支出倾向。

第二节 政策建议

一 财政政策制定和执行应因省而异

无论是全国层面还是东中西部三大经济区域内部中国各省级地方财政投资支出效应都存在显著差异,这就说明中国财政政策的实施不应"一刀切",并且仅仅采取东中西部地区的差异化的财政政策是不够的。财政政策制定和执行应因省而异,对于地方财政投资支出效应显著的省份,地方政府应采用稳定的财政政策,在刺激经济增长的同时,保持社会稳定发展。对于地方财政投资支出效应不显著的省份,可以通过提高该省份的贸易开放度、经济发展水平,减小收入差距来提高财政政策的有效性。需要界定各级政府职能和财政投资支出范围,增强地方政府的收入和支出权限,规范转移支付制度,加强预算管理和监督。

二 建立不同地区的同级地方政府间的横向财政转移支付制度

横向财政转移支付制度的建立并付诸实施,要根据各地区人口和财力来核定各地区的实际人均财力水平,作为横向财政转移支付的依据。一方面,可采取缩小发达地区的税收返还规模,加大对欠发达地区的财政转移力度。另一方面,可根据各地区的实际财力,财力强的地区把部分收入以"一对一"的方式"捐给"财力弱的地区等。长久以来,我国实行的都是中央对地方纵向的专项转移支付和一般转移支付政策。中央政府通过对地方财权的集中上收,再通过专项转移支付对地方政府的项目进行支持,通过一般转移支付对地方财力进行收入返还。我国地域辽阔,东南沿海经济发达地区的财力往往十分雄厚,西部不发达地区的财力却常常捉襟见肘,经济发达地区有充足的多余财力进行地方财政投资支出,而不发达地区的地方财政投资支出水平则极其有限,不发达地区地方财政支出大多还处在"保运转"的局面,离"促发展"的建设要求还存在较大距离。因此,将发达地区剩余的财力转移一部分给不发达地区,建立发达地区和不发达地区同级地方政府间的横向财政转移支付制度也不失为一项好的决策，有助于缓和发达地区和不发达地区地方财政投资支出对房地产影响的区域偏差。

三 财政政策应做好在房地产部门和非房地产部门之间的利益权衡

房地产市场目前作为地方政府发展地方经济的主要支柱产业，地方政府对其重视是难免的，因为房地产所带来的税收（营业税、契税等）以及土地出让金，确实使房地产成为地方财政收入的主要力量，许多地方的实体经济发展大都不太景气，想从这些实体经济部门获得大量的税收收入是不太现实的，地方政府每年还要给这些企业争取大量的上级补助资金以及为这些企业做贷款担保，地方的实体经济部门大都先期投资较大，有的实体经济部门也承担着解决当地人就业的问题，因此，地方政府对于这些实体经济部门不能放任自流，有的地方政府甚至会动用财政资金为这些经营出现困难、现金流不容乐观的企业注资，但是地方政府收纳税人的钱，却不用征求纳税人意见，而是仅仅通过政府工作会议，区（市）政府分管领导召集发改委、经信委和财政部门，小范围内做出为经营困难的实体经济部门注入财政资金的方式欠妥。地方财政投资支出的决策机制有待进一步完善，应更充分采纳纳税人的意见，而不是仅靠几个部门通过开会商讨式的集体决策。地方政府不能为了发展房地产市场而对实体经济部门有所懈怠，也不能为了拯救经营不景气、财务形势不容乐观的企业而不顾及财政投资支出的民主、科学决策机制。

四 地方财政投资支出的安排应体现量入为出的原则

地方财政收入和地方财政投资支出始终存在数量上的矛盾，脱离地方财政收入的数量界限盲目扩大地方财政投资支出，势必严重影响地方经济的稳步发展，因此，地方财政投资支出的安排应在地方财政收入允许的范围内，避免出现大幅度的财政赤字。虽然中央政府对地方政府的债务问题高度重视，财政部和审计署对地方政府的"土地财政"现象也做足了审计和摸底工作，但是，地方政府的债务问题依然是一个悬而未决的问题，地方政府债务的真实数字受信息不对称影响，地方政府上报的显性债务或隐藏债务数字缩水的比例不容忽视。近年来，随着房地产市场的降温，土地流拍现象也不乏可陈，实体经济的寒冬也比往日来得更早些，诸多对经济的不利因素，造成了地方政府财政收入出现较大幅度下滑的现象，没有充足的地方财政收入作为支撑，地方财政投资支出更应该坚持量入为出的原则，避免高额负债投资。

五 约束不合理的地方财政投资支出，破除利益刚性

地方政府的一些机关和事业单位，大都谋求预算规模最大化的行为，这在地方财政投资支出领域也是如此。在缺乏科学论证和民主投资决策的情况下，一些地方财政投资支出项目存在重复建设和盲目建设的嫌疑。因此应对地方财政投资支出行为进行适当的约束，破除利益刚性，可以通过采用提高投资决策的透明度、强化公共投资绩效考核和加强社会监督等方式来解决。

六 以民生改善为导向，优化地方政府官员的政绩考核体系

促使地方政府由"投资型政府"向"服务型政府"角色转变。党的十八届三中全会提出要纠正单纯以经济增长速度评定政绩的偏向，因此，要以改善公民福利水平为导向的政绩考核体系，把公民福利水平的提高作为考核地方政府工作的准则，激励地方政府在完善民生性支出的同时，不断提高民生性支出的比重。根据区域的不同特点优化地方财政投资支出结构，既要警惕生产性支出不足带来的隐患，又要防止民生性支出不足导致的恶果。同时，在地方政府官员的政绩考核体系中，针对房地产市场的因素，考虑把维护房地产市场秩序、改善住房供应结构、稳定住房价格和保障房建设情况纳入考核体系。

七 地方财政投资支出由经济建设职能向公共服务职能转变

长期以来，我国经济建设的任务一直摆在社会主义发展的首位。地方政府有限的财力也重点向经济建设如基础设施领域重点倾斜。地方财政投资支出主要投向其所辖区范围内的使辖区内居民受益的公益性基础设施和公用设施项目，为房地产发展创造了必要的基础性条件。胡锦涛同志曾经指出"在社会主义市场条件下，政府的主要职能是经济调节、市场监管、社会管理、公共服务"。从政府主要职能的排序来看，经济调节被摆在首位，西方发达国家强调最多的公共服务职能却被排在了最末端。虽然近几年中国经济的下行压力日趋严峻，但是强调地方财政投资支出的公共服务职能无论何时都不为过。

八 依据财政规则做财政投资支出决策，减少相机抉择行为

对于政策制定者而言，遵守规则有利于政策的持续性，会给公众带来一致性的信息，而不是不确定性的未来政策，具有比短期几乎每期都相机抉择的行为更好的政策效果。中国政府主要采用财政政策调控宏观经济，其中，对地方财政投资支出规模和结构调节的财政政策工具占主导地位。对地方财政投资支出而言，财政规则更应遵循地方财政投资支出规则，将政策目标设定为地方财政投资支出占产出的比重，使地方财政投资支出保持在合理水平，政府的地方财政投资支出行为不能超过规定的地方财政投资支出占产出比重的边界。财政规则的目标主要是阻止政府对经济过多不必要的行政干预，有利于政府抑制扩大地方财政投资支出的冲动，既有利于加强政府财政责任，又有利于确保财政可持续。中国的地方财政投资支出目前采用的是相机抉择的财政规则，根据当期信息自由决策，地方财政投资支出决策带有较大的随意性，而不是遵守事先的承诺和制定的规则限制。但是，相机抉择型的财政政策往往具有缺乏远虑的特征，政府的地方财政投资支出若只考虑当前的房地产市场行情，存在政府地方财政投资支出的机会主义和短视行为，必然会造成地方财政投资支出资金盲目涌入房地产市场，无疑会加剧房地产泡沫，对于房地产市场以及其他宏观经济因素的平稳运行必然带来隐忧。同时，也应加强地方财政投资支出硬预算，防止地方财政投资支出过度增长。

第三节 研究展望

本书主要强调地方财政投资支出对房地产的影响，未探讨中央财政投资支出对房地产的影响。中国是一个"政治集权、经济分权"为特征的国家，地方财政投资支出必然受到中央财政投资支出的统领，因此，撇开中央财政投资支出不谈，仅仅考虑地方财政投资支出对房地产的影响有失偏颇。笔者将在以后的研究中引入中央财政投资支出进行研究，进一步探讨中央财政投资支出和地方财政投资支出对房地产的不同影响。

尽管宏观经济政策在全国范围内是统一的，但财政政策的实施和效果在不同地区存在差异，这主要是由于各地区的经济发展水平、资源禀赋、地理位置以及国家政策的倾斜不同所导致。因此，尽管宏观经济政策全国统一，但财政政策在实际操作中会根据各地区的具体情况有所不同，以适应不同地区的经济发展需求和挑战。

财政政策因省而异的原因主要包括体制变化和政策实施、区域发展策略，以及优惠政策的不同分配。

首先，体制变化和政策实施。体制变化和有关政策实施是造成东西部经济不平衡发展和差距扩大的直接因素。随着市场化改革推进，各种生产要素按市场规律向回报率较高的东部地区流动，导致西部地区的大量资金外流，使得原本资金短缺的西部地区发展更加艰难。国家投资方向与市场要素流动方向基本趋同时，国家投资明显向沿海发达地区倾斜，对西部一些地区重工业比重较大、长期依赖国家投资的资源省区的发展产生较强的抑制作用。

其次，区域发展策略。从20世纪90年代末开始，中国的区域开发政策实施了一系列的制度创新，沿海地区因其地理位置和投资环境的优势，吸引了大量的外部资金流入。相比之下，西部地区的制度创新较少，难以与东部相比，这也导致了资金和资源的流向差异。

最后，优惠政策的不同分配。国家多年来的各种优惠政策一直在向东部沿海地区倾斜，包括对特区、开发区、开放城市不同层次和等级的税收减免权，对有些省区的减少财税上缴比例，这对沿海地区增加积累、吸纳建设资金起到了巨大作用。这种政策倾斜进一步加剧了地区间的发展不平衡。

同时，中国地域广阔，地区经济发展水平参差不齐，东、中、西部地区的省份及城市存在一定的内在异质性，这势必会影响不同地区的地方财政投资支出行为对房地产影响的内在机理。因此，将不同地区财政投资支出背后的发展差异因素引入动态随机一般均衡模型中变得十分有必要。

房地产问题涉及人民幸福生活的福祉，在房地产已经成为地方政府经济发展的主要支柱力量时，实体经济的发展却举步维艰，实体经济发展主要受制于中美贸易战、制造的核心技术未掌握以及产能过剩等不利因素。房地产价格持续上涨虽然有政府限购令的管制，但是限购令所发挥的作用短期内虽然有效，长期来看却微不足道。地方财政投资支出的持续增长几乎成了不可逆的趋势，主要因为地方政府以土地财政和房地产作为地方财政的中坚力量，在土地财政受到中央政府的强烈关注下，地方政府取得的土地出让收益持续走低，相较之前井喷的地王盛况，土地流拍的现象也逐渐增多。

要解决中国房地产市场存在的诸多经济问题和社会问题，仅仅依靠地方政府的财政投资支出行为是不行的，需要中央政府稳定的财税政策、货币政策以及金融领域的协作，只有房地产涉及的各方面做好统筹工作，才能从根本上解决中国房地产市场存在的高房价、房地产投机等诸多社会问题。

附 录

第五章

一 stata 做短期 svar 程序

```
tsset year
su fe hp hi
scatter fe hp
scatter fe hi
twoway(scatter fe hp)(qfit fe hp)
twoway(scatter fe hi)(qfit fe hi)
matrix A=(1,0,0\.,1,0\.,.,1)
matrix B=(.,0,0\0,.,0\0,0,.)
matrix list A
matrix list B
tsset year
varsoc fe hp hi
svar fe hp hi,aeq(A)beq(B)nolog
irf create epi,set(epi)
irf graph sirf
irf table sfevd
irf table sfevd,r(fe)noci
irf table sfevd,r(hp)noci
```

irf table sfevd,r(hi)noci

irf graph sfevd,r(fe)

irf graph sfevd,r(hp)

irf graph sfevd,r(hi)

二　stata 做长期 svar 程序

matrix C=(.,0\.,.)

matrix list C

varsoc fe hp hi

svar hp hi,lreq(C)lags(1/4)nolog

第六章

一　PVAR stata14.0 命令

. encode province,gen(pro)

. xtset pro year

. xtunitroot ips lngi

. set more off

. xtunitroot ips lnhp

. xtunitroot ips lncpi

. xtunitroot ips lnhi

. xtunitroot ips lnnhi

. pvar2 lngi lnhp lncpi lnhi lnnhi,lag(1)irf(5)irfformat(%4.0f)reps(200)

. pvar2 lngi lnhp lncpi lnhi lnnhi,lag(1)irf(6)irfformat(%4.0f)reps(200)

. xtdes

. xtset pro year

. xtsum

. xtline lngi

```
. reg lngi lnhp lncpi lnhi lnnhi,vce(cluster pro)
. estimates store OLS
. xtreg lngi lnhp lncpi lnhi lnnhi,fe r
. estimates store FE_robust
. xtreg lngi lnhp lncpi lnhi lnnhi,fe
. reg lngi lnhp lncpi lnhi lnnhi i. pro,vce(cluster pro)
. estimates store LSDV
. xtreg lngi lnhp lncpi lnhi lnnhi,re r theta
. estimates store RE
. xttest0
. xtreg lngi lnhp lncpi lnhi lnnhi,fe
. estimates store FE
. xtreg lngi lnhp lncpi lnhi lnnhi,re
. estimates store RE
. hausman FE RE,constant sigmamore
. xtunitroot lngi lnhp lncpi lnhi lnnhi,lags(aic 10)
. xtunitroot lnhp lncpi lnhi lnnhi,lags(aic 10)
. xtunitroot llc lngi lnhp lncpi lnhi lnnhi,lags(aic 10)
. xtunitroot llc lngi lnhp,lags(aic 10)
. xtunitroot llc lngi,lags(aic 10)
. xtunitroot llc lngi,lags(aic 5)
. xtunitroot ht lngi,demean
. xtunitroot breitung lngi,robust
. xtunitroot breitung lngi
. xtunitroot breitung lngi,robust
. xtunitroot ips lngi,demean
. xtunitroot ips lngi,lags(aic 5)demean
. pvar2 lngi lnhp lncpi lnhi lnnhi
. pvar2 lngi lnhp lncpi lnhi lnnhi,lag(1) irf(6) irfformat(%4.0f) reps(200)
```

第八章

一 stata 做 var 程序

tsset year

su fe hp hi hs

varsoc fe hp hi hs,maxlag(2)

var fe hp hi hs,lags(1/2)

varstable,graph

varnorm

vargranger

irf create iuf,set(macrovar)step(20)

describe using macrovar.irf

irf graph oirf,yline(0)

irf graph oirf,yline(0)i(fe)r(hp)

irf table fevd,r(hp)noci

irf graph fevd,r(hp)

irf table fevd,r(fe)noci

irf graph fevd,r(fe)

irf table fevd,r(hi)noci

irf graph fevd,r(hs)

irf table fevd,r(hs)noci

irf graph fevd

参考文献

中文文献

卞志村、孙俊:《开放经济背景下中国货币财政政策的非对称效应》,《国际金融研究》2012年第8期。

陈昆亭、龚六堂:《粘滞价格模型以及对中国经济的数值模拟——对基本RBC模型的改进》,《数量经济技术经济研究》2006年第8期。

储德银、崔莉莉:《中国财政政策产出效应的非对称性研究》,《财贸经济》2014年第12期。

董昕:《政府投资是否导致国进民退——基于中国各地区房地产行业面板数据的研究》,《当代财经》2010年第10期。

杜雪君等:《房地产价格、地方公共支出与房地产税负关系研究——理论分析与基于中国数据的实证检验》,《数量经济技术经济研究》2009年第1期。

范剑勇、莫家伟:《地方债务、土地市场与地区工业增长》,《经济研究》2014年第1期。

冯科:《中国房地产投资波动对经济周期的影响研究》,《北京工商大学学报》(社会科学版)2016年第5期。

傅勇:《中国的分权为何不同:一个考虑政治激励与财政激励的分析框架》,《世界经济》2008年第11期。

傅勇、张晏:《中国式分权与财政支出结构偏向:为增长而竞争的代价》,《管理世界》2007年第3期。

高然、龚六堂:《土地财政、房地产需求冲击与经济波动》,《金融研究》2017年第4期。

郭庆旺、贾俊雪:《财政分权、政府组织结构与地方政府支出规模》,《经济研究》2010年第11期。

郭庆旺、贾俊雪:《稳健财政政策的非凯恩斯效应及其可持续性》,《中国社会科学》2006年第5期。

郭庆旺等:《财政支出结构与经济增长》,《经济理论与经济管理》2003年第11期。

何国钊等:《中国房地产周期研究》,《经济研究》1996年第12期。

胡永刚、杨智峰:《财政农业支出对农村产出与居民消费影响的SVAR分析》,《数量经济技术经济研究》2009年第7期。

黄少安等:《租税替代、财政收入与政府的房地产政策》,《经济研究》2012年第8期。

黄赜琳:《中国经济周期特征与财政政策效应——一个基于三部门RBC模型的实证分析》,《经济研究》2005年第6期。

贾智莲、卢洪友:《财政分权与教育及民生类公共品供给的有效性——基于中国省级面板数据的实证分析》,《数量经济技术经济研究》2010年第6期。

李永友:《多级政府体制下财政支出政策的调控效果：理论与实证》,《数量经济技术经济研究》2009年第1期。

梁斌、李庆云:《中国房地产价格波动与货币政策分析：基于贝叶斯估计的动态随机一般均衡模型》,《经济科学》2011年第3期。

梁桂:《中国不动产经济波动与周期的实证研究》,《经济研究》1996年第7期。

梁若冰、汤韵:《地方公共品供给中的Tiebout模型：基于中国城市房价的实证研究》,《世界经济》2008年第10期。

梁云芳、高铁梅:《中国房地产价格波动区域差异的实证分析》,《经济研究》2007年第8期。

林桐、王文甫:《我国省际政府支出乘数有差异性吗》,《经济理论与经济管理》2017年第5期。

刘金全、解瑶姝:《我国财政政策的非对称效应》,《当代经济研究》2015 年第 5 期。

刘金全、梁冰：《我国财政政策作用机制与经济周期波动的相依性检验》，《财贸经济杂志》2005 年第 10 期。

刘金全等：《财政政策作用的阶段性和非对称性检验》，《财经科学》2003 年第 1 期。

刘生龙、胡鞍钢：《基础设施的外部性在中国的检验：1988—2007》，《经济研究》2010 年第 3 期。

吕炜、刘晨晖：《财政支出、土地财政与房地产投机泡沫——基于省际面板数据的测算与实证》，《财贸经济》2012 年第 12 期。

满向昱等：《我国财政政策对经济增长的非对称性效应研究》，《财政研究》2015 年第 4 期。

梅冬州等：《房价变动、土地财政与中国经济波动》，《经济研究》2018 年第 1 期。

齐锡晶等：《中国房地产市场周期波动分析》，《东北大学学报》（自然科学版）2010 年第 7 期。

乔宝云等：《财政分权与小学义务教育：中国案例》，《中国社会科学（英文版）》2006 年第 2 期。

秦晓：《市场化进程：政府与企业》，社会科学文献出版社 2010 年版。

史永东、陈日清：《不确定性条件下的房地产价格决定：随机模型和经验分析》，《经济学（季刊）》2008 年第 1 期。

王东、陈诗骏：《基于优化扩散指数法对房地产周期波动的研究——以深圳市为例》，《经济评论》2007 年第 5 期。

王国军、刘水杏：《房地产业对相关产业的带动效应研究》，《经济研究》2004 年第 8 期。

王蕾、周洋：《房地产长周期拐点尚需时日——兼评 2016 房地产新政》，《国际金融》2017 年第 2 期。

王立勇、李富强：《我国相机抉择财政政策效应非对称性的实证研究》，《数量经济技术经济研究》2009 年第 1 期。

王频、侯成琪：《预期冲击、房价波动与经济波动》，《经济研究》2017 年第 4 期。

王文甫、王子成：《积极财政政策与净出口：挤入还是挤出？——基于中国的经验与解释》，《管理世界》2012 年第 10 期。

王文甫等：《财政支出有偏性对经济结构失衡的长期与短期效应分析》，《财经论丛》2017 年第 2 期。

王文甫等：《政府支出的外部性、信贷约束与房地产波动》，《世界经济文汇》2017 年第 2 期。

王文军、黄丽：《公共投资对商品住宅价格的影响效应研究——基于中国 35 个大中城市截面数据的分析》，《当代财经》2012 年第 10 期。

王云清等：《中国房地产市场波动研究——基于贝叶斯估计的两部门 DSGE 模型》，《金融研究》2013 年第 3 期。

徐国祥、王芳：《我国房地产市场周期波动谱分析及其实证研究》，《统计研究》2010 年第 10 期。

徐梅：《地方公共投资研究》，博士学位论文，四川大学，2002 年。

许宪春等：《房地产经济对中国国民经济增长的作用研究》，《中国社会科学》2015 年第 1 期。

姚明霞：《中国政府财政支出对经济社会发展的影响》，《经济理论与经济管理》2008 年第 12 期。

张红等：《基于动态计量经济学模型的房地产周期研究》，《清华大学学报》（自然科学版）2007 年第 12 期。

张卫国等：《地方政府投资行为对经济长期增长的影响——来自中国经济转型的证据》，《中国工业经济》2010 年第 8 期。

张晓晶、孙涛：《中国房地产周期与金融稳定》，《经济研究》2006 年第 1 期。

张莹、刘波：《货币政策、财政政策对我国投资行为影响的实证分析》，《财贸经济》2009 年第 5 期。

赵安平、罗植：《扩大民生支出是否会推高房价》，《世界经济》2012 年第 1 期。

赵昕东:《中国房地产价格波动与宏观经济——基于 SVAR 模型的研究》,《经济评论》2010 年第 1 期。

周彬、杜两省:《"土地财政"与房地产价格上涨:理论分析和实证研究》,《财贸经济》2010 年第 8 期。

周京奎、吴晓燕:《公共投资对房地产市场的价格溢出效应研究——基于中国 30 省市数据的检验》,《世界经济文汇》2009 年第 1 期。

庄子银、邹薇:《公共支出能否促进经济增长:中国的经验分析》,《管理世界》2003 年第 7 期。

踪家峰等:《中国财政支出资本化与房地产价格》,《财经科学》2010 年第 11 期。

外文文献

Afonso A., Sousa R. M., "What are the Effects of Fiscal Policy on Asset Markets", *Economic Modelling*, Vol. 28, No. 4, 2011.

Alessandro C., et al., "Housing Finance and Monetary Policy", European Central Bank Working Paper, No. 1069, 2009.

Andrés J., Arce O., "Banking Competition, Housing Prices and Macroeconomic Stability", *Economic Journal*, Vol. 122, No. 565, 2012.

Angel M., García L., "Housing Prices and Tax Policy in Spain", *Spanish Economic Review*, Vol. 6, No. 1, 2004.

Auerbach A. J., Yuriy G., "Measuring the Output Responses to Fiscal Policy", *American Economic Journal: Economic Policy*, Vol. 4, No. 2, 2012.

Bai J., "Panel Data Models with Interactive Fixed Effects", *Econometrica*, Vol. 77, No. 4, 2009.

Ball M., et al., "Structures Investment and Economic Growth: A Long-term International Comparison", *Urban Studies*, Vol. 33, No. 9, 1996.

Ball M., Wood A., "Housing Investment: Long Run International Trends and Volatility", *Housing Studies*, Vol. 14, No. 2, 1999.

Blanchard O., Perotti R., "An Empirical Characterization of the Dynamic Effects of Changes in Government Spending and Taxes on Output", *Quarterly Journal of Economics*, Vol. 107, No. 4, 2002.

Burns A. F., Mitchell W. C., *Measuring Business Cycles*, New York: National Bureau of Economic Research, 1946.

Cai H., Treisman D., "Does Competition for Capital Discipline Governments? Decentralization, Globalization, and Public Policy", *American Economic Review*, Vol. 95, No. 3, 2005.

Calza A., et al., "Mortgage Markets, Collateral Constraints and Monetary Policy: Do Institutional Factors Matter?", CFS Working Paper, No. 2007/10.

Campbell B. O., "Long Swings in Residential Construction: The Postwar Experience", *American Economic Review*, Vol. 53, No. 2, 1963.

Christiano L. J., et al., "Monetary Policy Shocks: What Have We Learned and to What End?", *Handbook of Macroeconomics*, Vol. 1, No. 2, 1999.

Chudik A., Pesaran M. H., "Common Correlated Effects Estimation of Heterogeneous Dynamic Panel Data Models with Weakly Exogenous Regressors", *Journal of Econometrics*, Vol. 188, No. 2, 2015.

Davis M. A., Jonathan H., "Housing And The Business Cycle", *International Economic Review*, Vol. 46, No. 3, 2005.

Eschenbach F., Schuknecht L., "Asset Prices and Fiscal Balances", ECB Working Paper, No. 141, 2002.

Fatás A., Mihov I., "The Effects of Fiscal Policy on Consumption and Employment: Theory and Evidence", CEPR Discussion Paper, No. 2760, 2001.

Fisher J. D. M., "Why Does Household Investment Lead Business Investment over the Business Cycle?", *Journal of Political Economy*, Vol. 115, No. 1, 2007.

Giuliodori, M., "The Role of House Prices in the Monetary Transmission Mechanism Across European Countries", *Scottish Journal of Political*

Economy, Vol. 52, No. 4, 2005.

Gomes S., Mendicino C., "Housing Market Dynamics: Any News?", ECB Working Paper, No. 1775, 2015.

Gottlieb M., *Long Swings in Urban Developments*, New York: National Bureau of Economic Research, 1976.

Grenadier S., "The Strategic Exercise of Options: Development Cascades and Overbuilding in Real Estate Markets", *Journal of Finance*, Vol. 51, No. 5, 1996.

Hoyt H., "A Method for Measuring the Value of Imports into an Urban Community", *Land Economics*, Vol. 37, No. 2, 1961.

Hyman D. N., Pasour E. C., "Real Property Taxes, Local Public Services, and Residential Property Values", *Southern Economic Journal*, Vol. 39, No. 4, 1973.

Iacoviello M., Neri S., "Housing Market Spillovers: Evidence from an Estimated DSGE Model", *American Economic Journal: Macroeconomics*, Vol. 2, No. 22, 2010.

Iacoviello M., "House Prices, Borrowing Constraints, and Monetary Policy in the Business Cycle", *American Economic Review*, Vol. 95, No. 3, 2005.

Iacoviello, M., Neri S., "Housing Market Spillovers: Evidence from an Estimated DSGE Model", *American Economic Journal: Macroeconomics*, Vol. 2, No. 22, 2010.

Ilzetzki E., et al., "How Big (Small?) are Fiscal Multipliers?", *Journal of Monetary Economics*, Vol. 60, No. 2, 2013.

Jaeger A., Schuknecht L., "Boom-Bust Phases in Asset Prices and Fiscal Policy Behavior", IMF Working Paper, WP/04/54, 2004.

Keen M., Marchand M., "Fiscal Competition and the Pattern of Public Spending", *Journal of Public Economics*, Vol. 66, No. 1, 1997.

Kim S., Roubini N., "Exchange Rate Anomalies in the Industrial Countries: A Solution with a Structural VAR Approach", *Journal of Mone-*

tary Economics, Vol. 45, No. 3, 2000.

Liu Z., et al., "Land-price Dynamics and Macroeconomic Fluctuations", *Econometrica*, Vol. 81, No. 3, 2013.

Lewis J. P., *Building Cycles and Britain's Growth*, London: Macmillan, 1965.

Michaud P., Soest A., "Health and Wealth of Elderly Couples: Causality Tests Using Dynamic Panel Data Models", *Journal of Healthy Economics*, Vol. 27, No. 5, 2008.

Mitchell J., Weale M., "The Rationality and Reliability of Expectations Reported by British Households: Micro Evidence from the British Household Panel Survey", National Institute of Economic and Social Research, Economic Studies Discussion Paper, No. 19, 2007.

Malpezzi S., Wachter S. M., "The Role of Speculation in Real Estate Cycles", *Journal of Real Estate Literature*, Vol. 13, No. 2, 2005.

Morris R., Schuknecht L., "Structural Balances and Revenue Windfalls the Role of Asset Prices Revisited", ECB Working Paper, No. 737, 2007.

Mountford A., Uhlig H., "What are the Effects of Fiscal Policy Shocks?", *Journal of Applied Econometrics*, Vol. 24, No. 6, 2009.

Oates W. E., "The Effects of Property Taxes and Local Public Spending on Property Values: An Empirical Study of Tax Capitalization and the Tiebout Hypothesis", *Journal of Political Economy*, Vol. 77, No. 6, 1969.

Pesaran M. H., "Estimation and Inference in Large Heterogeneous Panels with Cross Section Dependence", CESifo Working Paper, No. 869, 2006.

Pyhrr S. A., et al., "Real Estate Cycles and Their Strategic Implications for Investors and Portfolio Managers in the Global Economy", *Journal of Real Estate Research*, Vol. 18, No. 1, 1999.

Sims C. A., et al., "Inference in Linear Time Series Models with Some Unit Roots", *Econometrica*, Vol. 58, No. 1, 1990.

Sorensen B. E. , Yosha O. ,"Is State Fiscal Policy Asymmetric over the Business Cycle?", *Economic Review*, Vol. 86, No. 3, 2001.

Tagkalakis A. , "The Effects of Fiscal Policy on Consumption in Recessions and Expansions", *Journal of Public Economics*, Vol. 92, No. 5-6, 2008.

Tiebout C. M. , "A Pure Theory of Local Expenditures", *Journal of Political Economy*, Vol. 64, No. 5, 1956.

Wang K. , et al. , "Over-confidence and Cycles in Real Estate Markets: Cases in Hong Kong and Asia", *International Real Estate Review*, Vol. 3, No. 1, 2000.

Wang K. , Zhou Y. Q. , "Overbuilding: A Game – theoretic Approach", *Real Estate Economics*, Vol. 28, No. 3, 2000.

Wang X. , Wen Y. , "Housing Prices and the High Chinese Saving Rate Puzzle", *China Economic Review*, Vol. 23, No. 2, 2012.

Wheaton W. C. , "The Cyclical Behavior of the National Office Market", *American Real Estate and Urban Economics Association Journal*, Vol. 15, No. 4, 1987.

Wilson P. , Okunev J. , "Spectral Analysis of Real Estate and Financial Assets Markets", *Journal of Property Investment & Finance*, Vol. 17, No. 1, 1999.